Inga Borges

Wenn dir der Geduldsfaden reißt, dann häkle dir was Schönes draus

Inga Borges

Wenn dir der Geduldsfaden reißt, DANN HÄKLE DIR WAS Schönes draus

Die besten Anti-Stress-Projekte zum Nachhäkeln

mvgverlag

INHALTSVERZEICHNIS

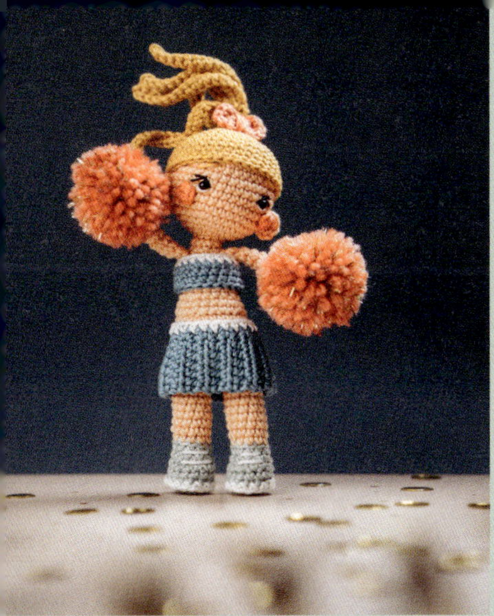
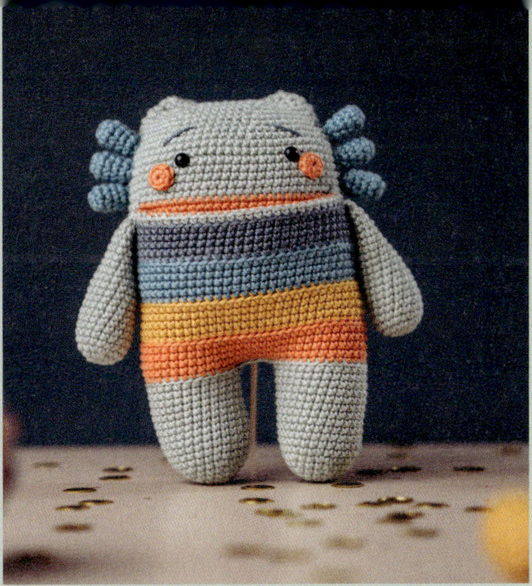
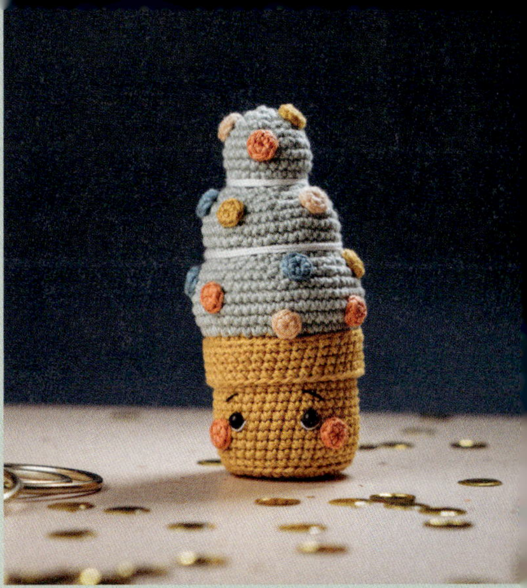
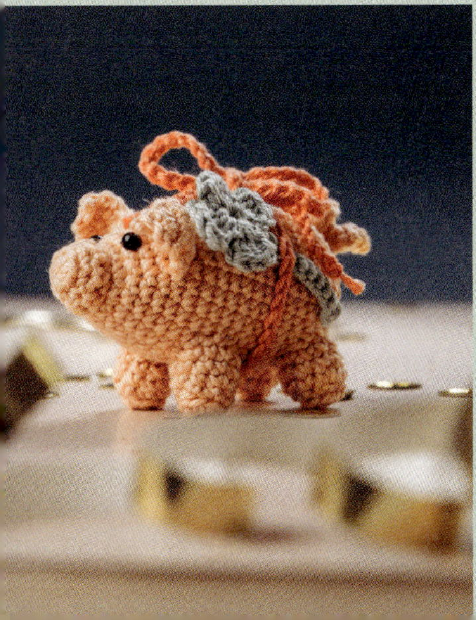
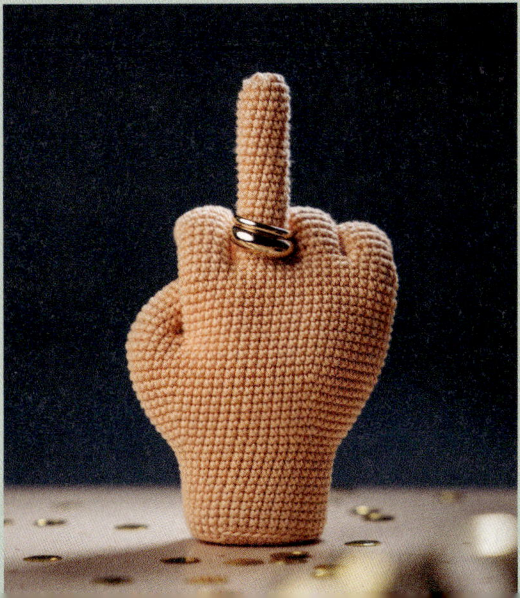
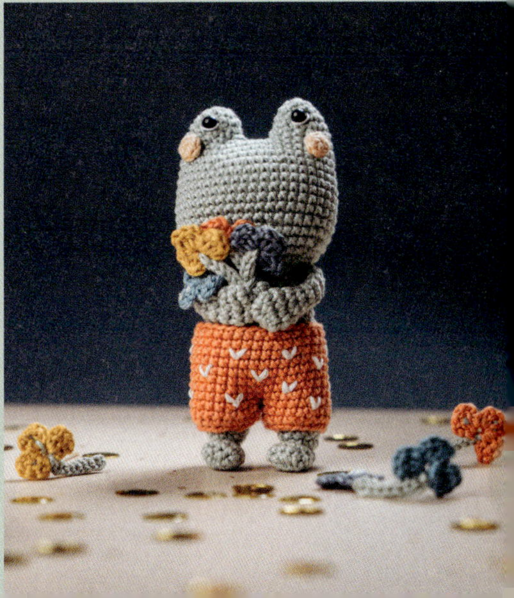

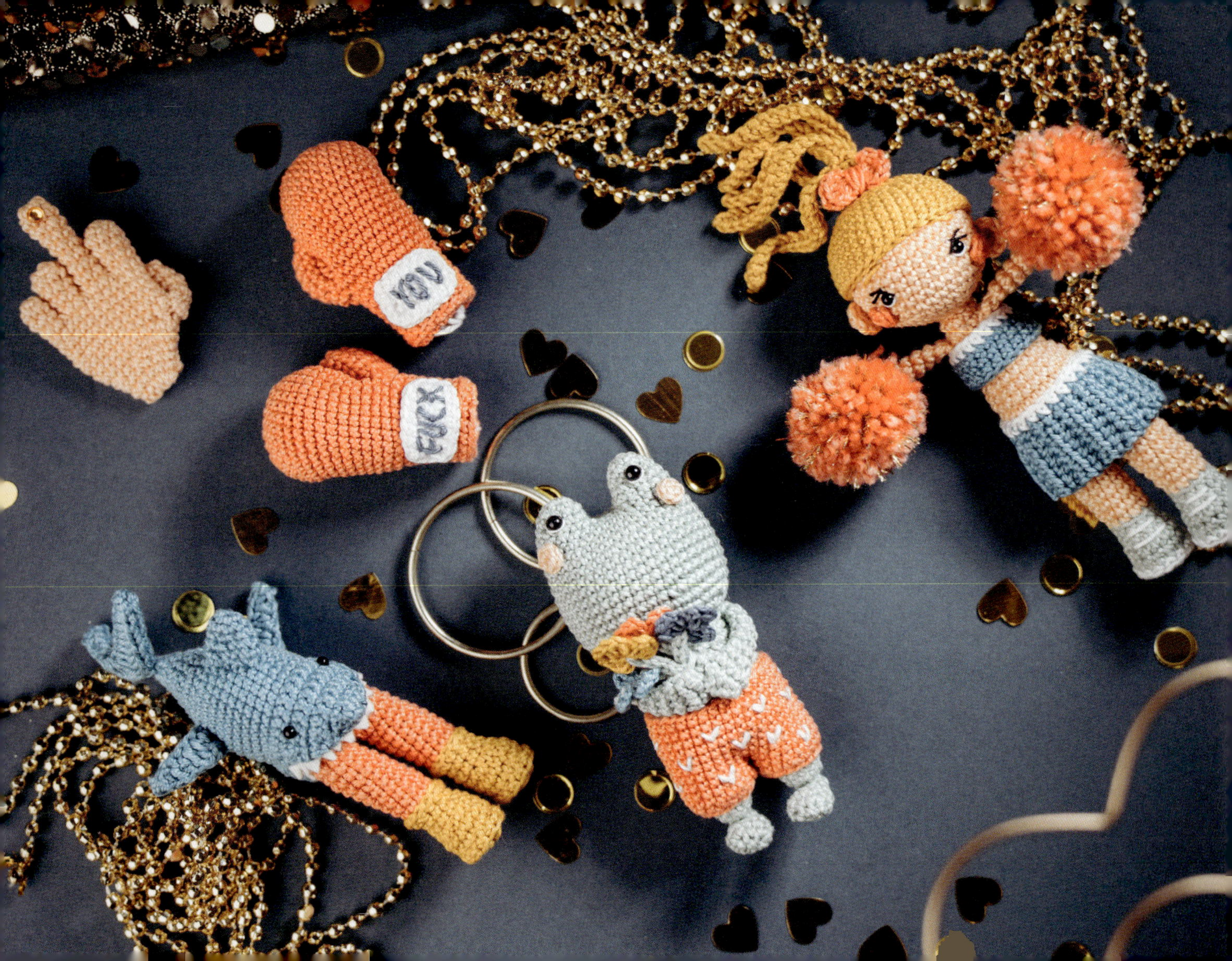
YOU
FUCK

Vorwort

Ach, der liebe Stress. Unser aller ständiger Begleiter verfolgt uns in verschiedenen Verkleidungen durch den Alltag. Mal ist er wütend, mal müde, oft traurig und manchmal überfordert und gehetzt. Dann machen wir Yoga oder gehen joggen oder schauen bis tief in die Nacht alle Streaming-Angebote, um ihm zu entkommen. Manchmal hilft das, aber manchmal sitzt er einfach fest, der Stress. Dann möchte man sich am liebsten verkriechen, alles hinschmeißen oder gegen die Wand klatschen. Wenn tiefes Durchatmen und Zählen bis 10 nicht mehr helfen, dann gibt es nur noch eins: Ran an die Häkelnadel!

In diesem Buch warten jede Menge stressfreie, entspannte und nicht ganz ernst gemeinte Projekte auf dich. Sie helfen dir, die Seele baumeln zu lassen, es dir gemütlich zu machen und dich dem einen oder anderen Tagtraum hinzugeben.

Lass es dir gut gehen!

Häkeltechniken

LUFTMASCHENANSCHLAG

Den Faden zu einer Schlaufe legen. Das Fadenende liegt unterhalb. Mit der Nadel von vorne durch die Schlinge stechen und den Faden durchholen. Am Fadenende ziehen, damit sich die Schlinge um die Nadel festzieht (= Anfangsschlinge). Den Arbeitsfaden durch die Schlinge ziehen, um die erste Luftmasche zu häkeln. So lange wiederholen, bis die gewünschte Anzahl an Luftmaschen erreicht ist.

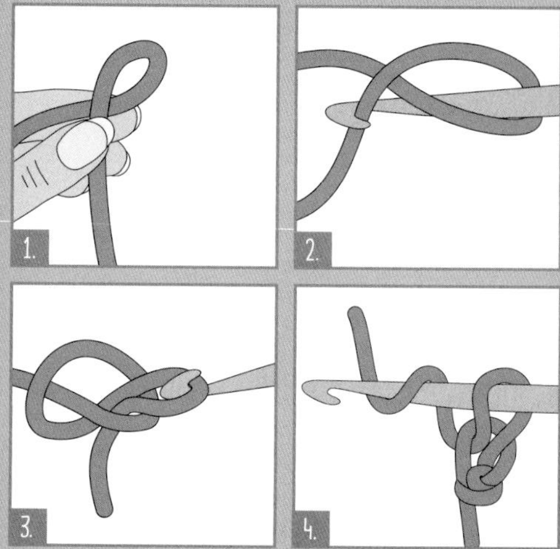

WENDELUFTMASCHE

Am Ende jeder Reihe wird eine Luftmasche gehäkelt und die Arbeit anschließend gewendet.

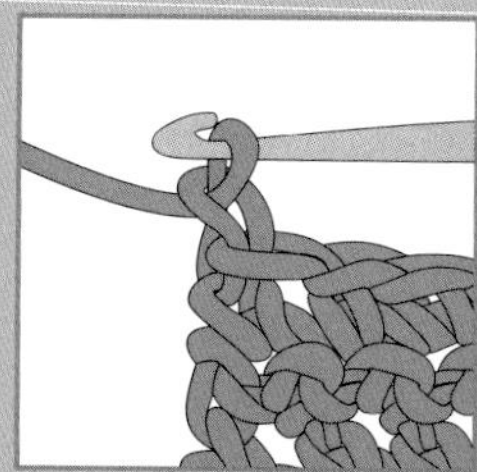

FADENRING

Um einen Fadenring zu bilden, den Faden zu einer Schlaufe legen. Das Fadenende liegt oberhalb und zeigt nach unten. Die Schlaufe mit Daumen und Zeigefinger fixieren und mit der Nadel von vorne hindurchstechen. Den Faden durch die Schlaufe hindurchziehen und mit einer Luftmasche sichern. Erneut durch den Ring stechen und den Faden durchholen. Beide auf der Nadel befindlichen Umschläge zu einer feste Masche abmaschen. Nun so viel feste Maschen häkeln, wie in der Anleitung angegeben sind. Um den Ring zu schließen, vorsichtig am Fadenende ziehen, bis sich die Maschen zusammengezogen haben.

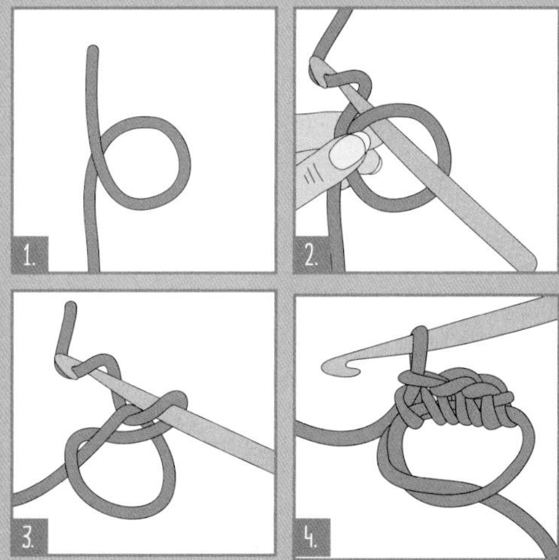

KETTMASCHE

Kettmaschen werden vielfältig beim Häkeln eingesetzt. Sie dienen als Verzierung, kommen beim Beenden einer Runde und beim Anmaschen neuer Fäden zum Einsatz. Um eine Kettmasche zu häkeln, durch die Masche stechen und den Faden durchholen. Diese Schlinge durch die auf der Nadel liegende Schlinge hindurchziehen.

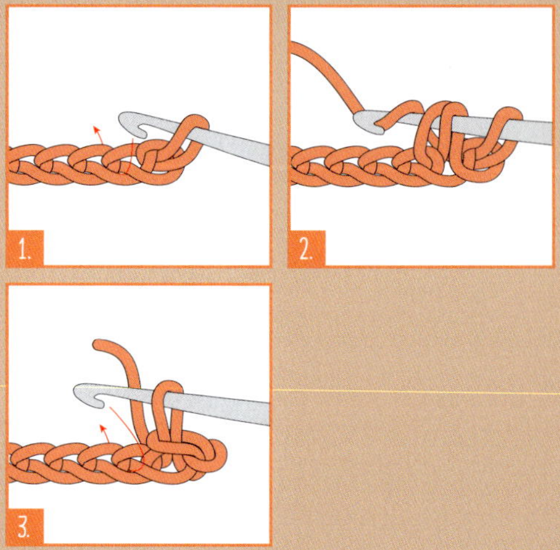

FESTE MASCHE

Mit der Nadel in die folgende Masche stechen und den Faden von oben nach unten um die Nadel legen. Den Faden durchziehen. Auf der Nadel liegen nun zwei Schlingen. Den Arbeitsfaden erneut von oben nach unten um die Nadel legen und dann durch beide Schlingen ziehen (abmaschen).

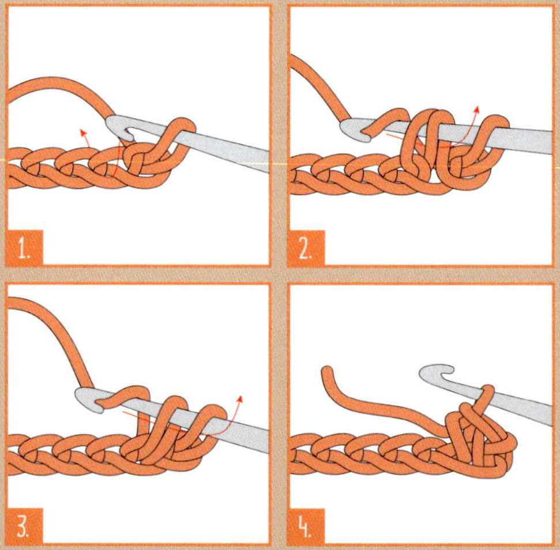

STEHENDE FESTE MASCHE

Eine Anfangsschlinge auf die Nadel legen. Mit der Schlinge auf der Nadel in die gewünschte Masche einstechen. Den Faden durchholen und die Anfangsschlinge und die neue Schlinge zusammen zu einer festen Masche abmaschen. Diese zählt als erste Masche der neuen Runde oder Reihe.

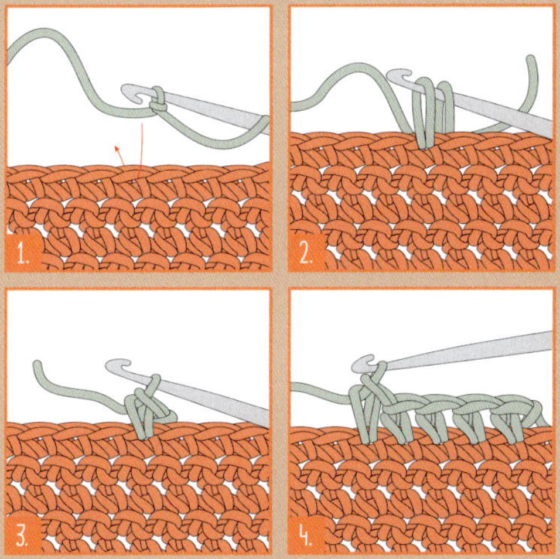

HALBES STÄBCHEN

Den Faden von hinten nach vorne über die Nadel (Umschlag) legen. In die folgende Masche einstechen und den Faden durchholen. Auf der Nadel liegen nur drei Schlingen. Den Arbeitsfaden durch alle drei Maschen ziehen.

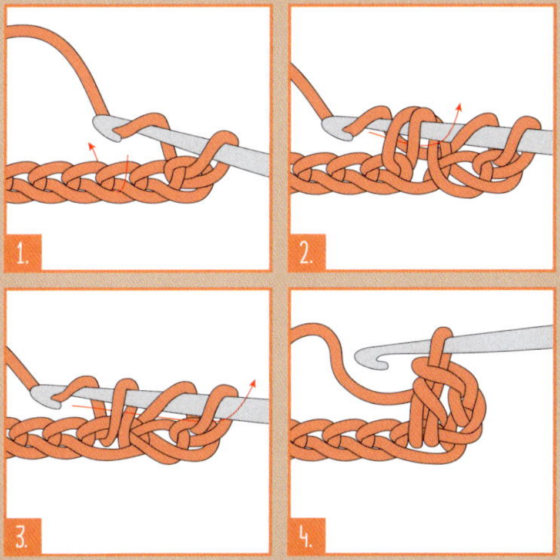

STÄBCHEN

Den Faden von hinten nach vorne über die Nadel (Umschlag) legen. In die folgende Masche einstechen und den Faden durchholen. Es liegen jetzt drei Schlingen auf der Nadel. Den Faden durch die ersten beiden Schlingen ziehen. Auf der Nadel liegen nun zwei Schlingen. Beide ebenfalls zusammen abmaschen.

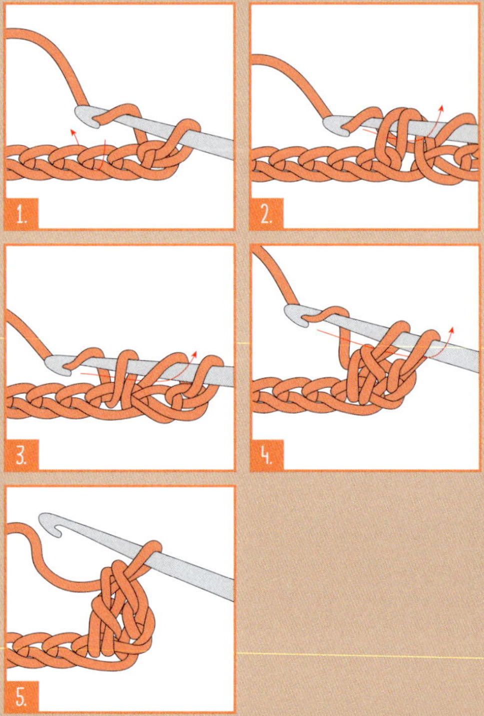

DOPPELSTÄBCHEN

Den Faden zweimal von hinten nach vorne über die Nadel (Umschlag) legen. In die folgende Masche einstechen und den Faden durchholen. Es liegen jetzt vier Schlingen auf der Nadel. Den Faden nun durch die ersten beiden Schlingen ziehen. Auf der Nadel liegen nun drei Schlingen. Auch hier wieder die ersten beiden Schlingen auf der Nadel abmaschen. Es bleiben zwei Schlingen auf der Nadel. Den Faden erneut durchziehen und so die letzten verbliebenden Schlingen abmaschen.

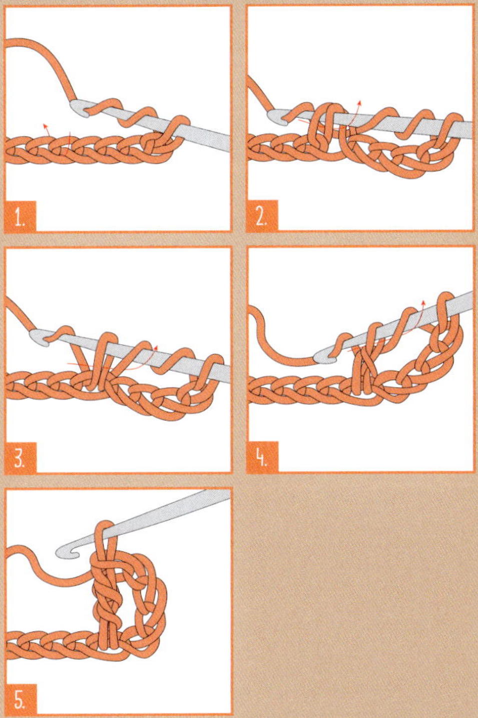

DREIFACHSTÄBCHEN

Drei Umschläge auf der Nadel bilden und in die folgende Masche einstechen. Den Faden durchziehen. Auf der Nadel liegen nun fünf Schlingen. Alle Schlingen wie beim Doppelstäbchen nacheinander abmaschen.

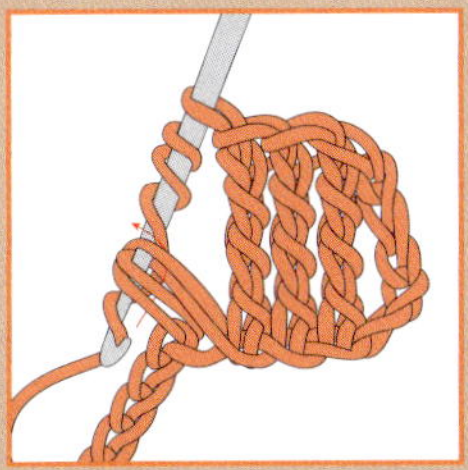

MASCHENGLIEDER

Eine Masche besteht aus drei Maschengliedern. Das vordere Maschenglied und hintere Maschenglied bilden dabei die v-förmige Oberseite der Masche. Das rückwärtige Maschenglied liegt auf der Rückseite am Fuß der Masche.

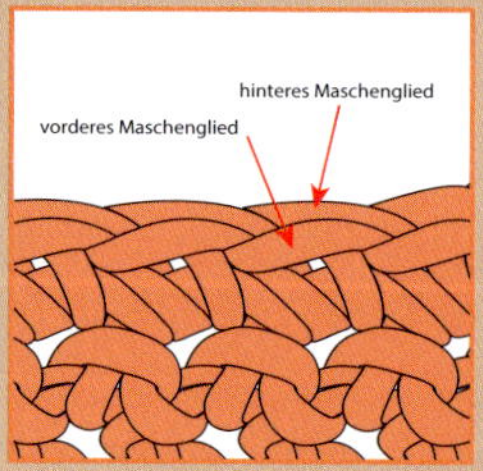

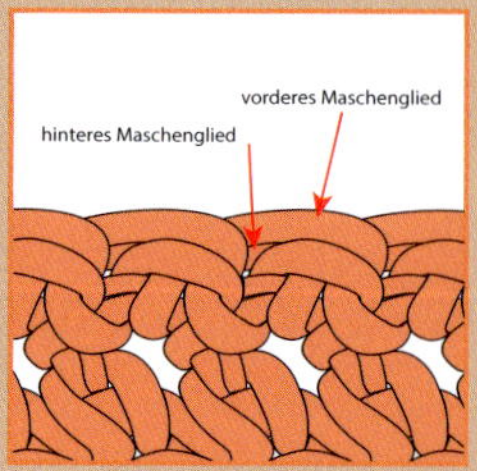

IN REIHEN HÄKELN

Alle Reihen beginnen mit einer Luftmaschenkette. Auf diese werden die Maschen der ersten Reihe gehäkelt. Nach jeder Reihe wird die Arbeit mit Luftmaschen gewendet, um die entsprechende Höhe der Maschen zu erreichen. Bei festen Maschen wird eine Wendeluftmasche gehäkelt, bei halben Stäbchen zwei Wendeluftmaschen, und bei Stäbchen wird mit drei Luftmaschen gewendet.

IN RUNDEN HÄKELN

Beim Rundenhäkeln wird die Arbeit am Ende nicht gewendet, sondern fortlaufend weitergearbeitet. Begonnen wird dabei mit einem Fadenring oder einer Luftmaschenkette. Jede Runde endet mit einer Kettmasche in die erste Masche der Runde. Am Anfang jeder Runde werden Luftmaschen entsprechend der Höhe der verwendeten Maschen gehäkelt (Steigeluftmasche). Bei festen Maschen wird eine Steigeluftmasche gehäkelt, bei halben Stäbchen zwei, und bei Stäbchen werden drei Steigeluftmaschen zum Beginn gearbeitet.

IN SPIRALRUNDEN HÄKELN

Bei Spiralrunden werden die Maschen ununterbrochen immer weiter aufeinandergehäkelt, ohne sie mit einer Kettmasche abzuschließen. Der Rundenübergang ist unsichtbar. Um den Überblick zu behalten, diesen mit einem Faden oder einem Maschenmarkierer kennzeichnen.

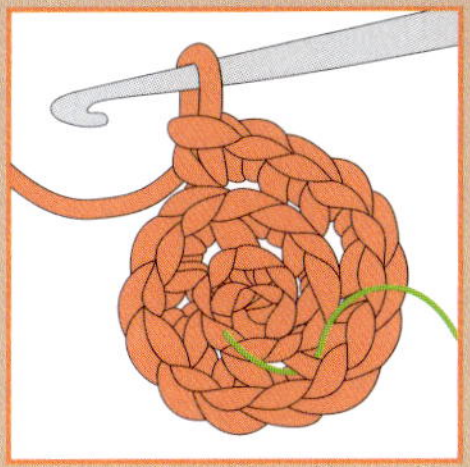

ZUNEHMEN/VERDOPPELN

Alle Maschenarten werden auf die gleiche Weise zugenommen: Man häkelt einfach zwei Maschen in eine Einstichstelle. Hierbei spielt es keine Rolle, ob in Reihen oder Runden gehäkelt wird.

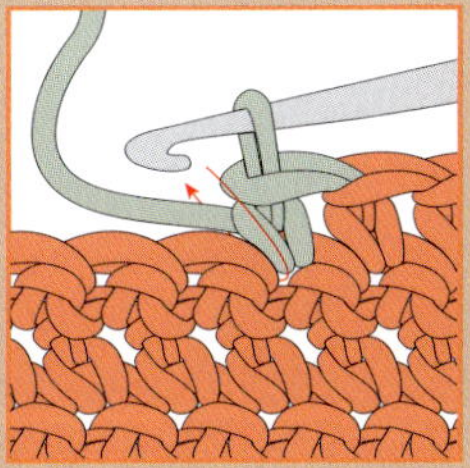

ABNEHMEN/FESTE MASCHEN ZUSAMMEN ABMASCHEN

Bei der Abnahme von festen Maschen in Runden/Reihen werden zwei feste Maschen zusammen abgemascht, sodass eine neue Masche entsteht. Dazu in die erste abzunehmende Masche einstechen und den Faden durchholen. Es befinden sich nun zwei Schlaufen auf der Nadel. Diese werden aber nicht abgemascht, sondern die Nadel durch die nächste Masche gestochen. Wieder den Faden holen. Es befinden sich nun drei Schlingen auf der Nadel. Den Arbeitsfaden durch alle Schlingen ziehen.

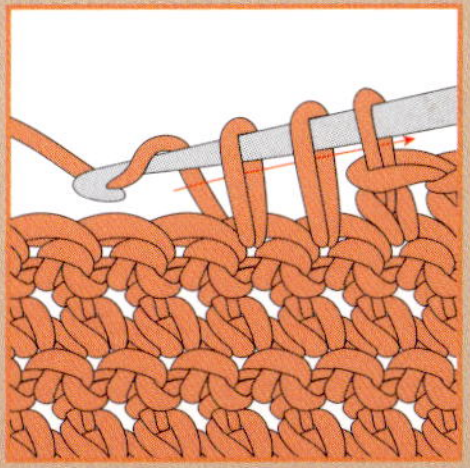

RUNDE UNSICHTBAR BEENDEN

Die Arbeit mit einem langen Faden abketten. Das Fadenende in eine Vernähnadel fädeln und von oben zwischen die beiden Maschenglieder der zweiten Masche der letzten Runde hindurchstechen. Am Faden ziehen, bis er die gleiche Länge wie die anderen Maschenglieder hat. So wird ein hinteres Maschenglied nachgebildet. Nun mit der Nadel von vorne nach hinten zwischen die Maschenglieder der letzten Masche der Runde stechen. Den Faden erneut durch die Masche ziehen, bis ein vorderes Maschenglied entsteht. Den Faden wie gewohnt vernähen.

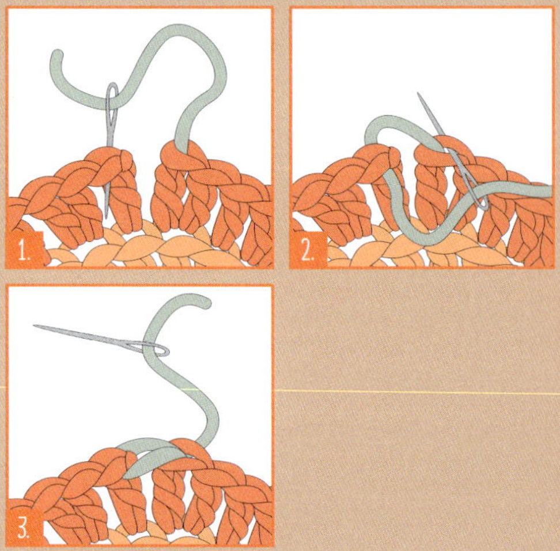

FARBWECHSEL

Wird eine neue Farbe aufgenommen, in der ersten Farbe bis zur letzten Masche der Runde/Reihe häkeln. Diese nicht abmaschen, sondern beide Schlingen auf der Nadel behalten. Mit der Nadel nun den Faden der neuen Farbe durchholen und damit weiterhäkeln.

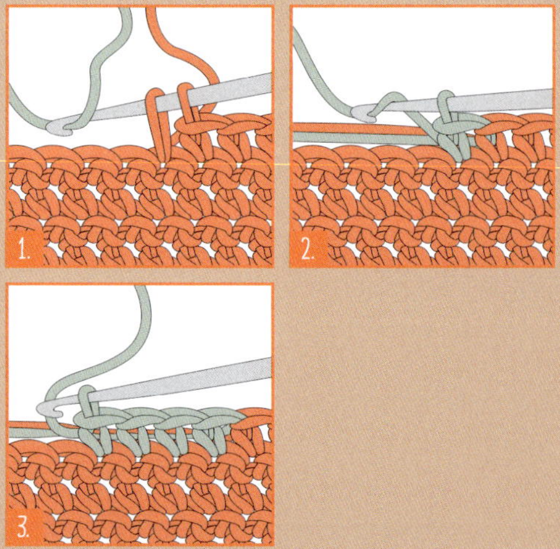

HÄKELSTÜCK BEENDEN

Um eine Runde/Reihe zu beenden, den Faden fest durch die letzte Masche ziehen und ca. 20 cm lang abschneiden. Das Fadenende mithilfe einer Wollnadel in die Maschen bzw. nach innen vernähen. Wenn der Faden lang abgeschnitten werden soll, mindestens 30 cm abschneiden.

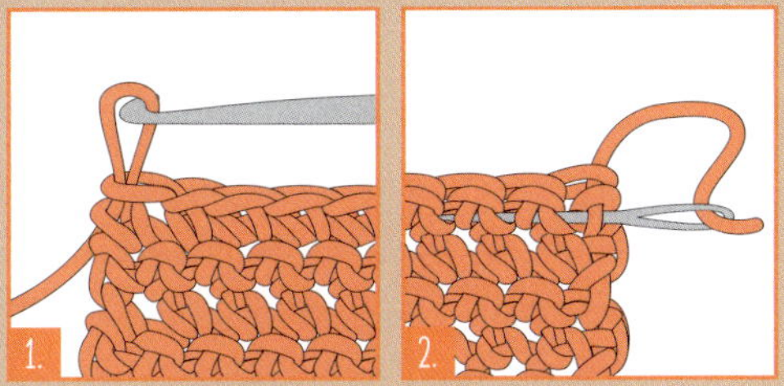

NOPPE

Wie bei einem halben Stäbchen beginnen. Die Umschläge auf der Nadel nicht abmaschen, sondern einen neuen Umschlag bilden, zurück in dieselbe Masche stechen und den Faden erneut durchholen. Dies wiederholen, bis die gewünschte Anzahl an halben Stäbchen auf der Nadel liegt. Den Faden durch alle Schlingen ziehen. Eine Noppe kann auch aus Stäbchen gebildet werden. Dazu jeweils die ersten beiden Schlingen auf der Nadel abmaschen, bevor das nächste Stäbchen aufgenommen wird.

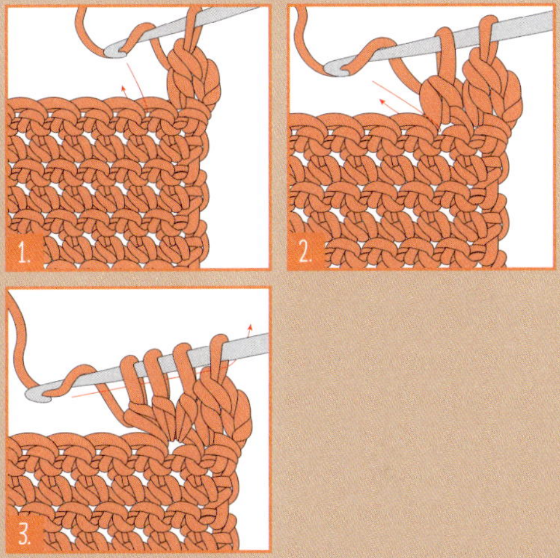

Stickstiche

KNÖTCHENSTICH

Den Faden ein- oder zweimal über die Nadel schlingen und durchziehen, sodass ein Knoten entsteht. Danach knapp neben der Ausstichstelle einstechen und den Faden durchziehen. Zum Schluss den Faden auf der Rückseite sichern.

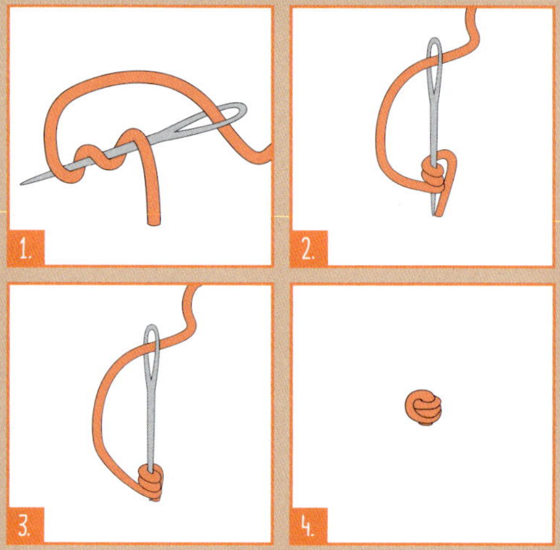

SPANNSTICH

Den Faden von vorne nach hinten durchführen. Dann im gewünschten Abstand einstechen und den Faden durchziehen. Spannstiche können vertikal, horizontal, lang oder kurz sein.

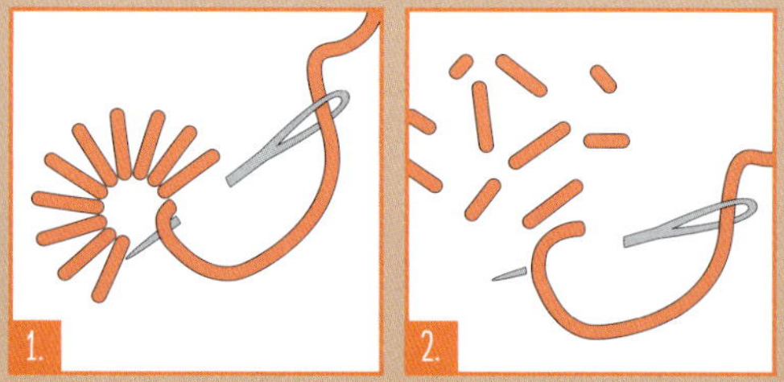

KETTSTICH

Mit der Nadel von hinten nach vorne durchstechen. Anschließend zurück in die Ausstichstelle stechen. Den Faden so lange durchziehen, bis eine kleine Schlaufe entsteht. Die Nadel eine Masche nach oben durch die Schlaufe hindurch austreten lassen. Dann den Faden zurück durch die Ausstichstelle nach hinten führen. Wieder durchziehen, bis die nächste Schlaufe entstanden ist. So lange wiederholen, bis die gewünschte Länge entstanden ist.

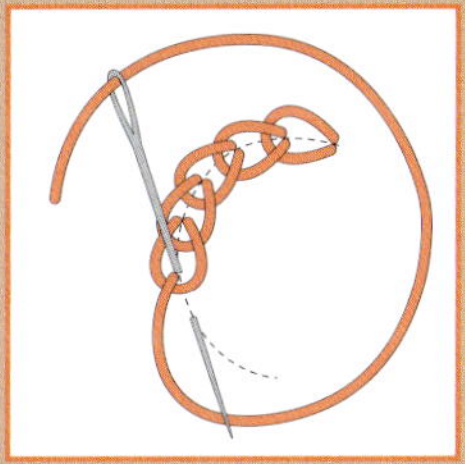

Abkürzungen

abn	abnehmen	Lm	Luftmasche
anschl	anschlagen	M	Masche
DStb	Doppelstäbchen	N	Noppe
3-fach Stb	Dreifachstäbchen	Nd	Nadel
Fb	Farbe	R	Reihe
fM	feste Masche	Rd	Runde
hStb	halbes Stäbchen	Stb	Stäbchen
ihM	ins hintere Maschenglied	wdh	wiederholen
ivM	ins vordere Maschenglied	zun	zunehmen/Zunahme
Km	Kettmasche	zus	zusammen
LL	Lauflänge		

Sorgenfresser

Schwierigkeitsgrad: schwer
Größe: ca. 17 x 9 cm

Dieser kleine Sorgenfresser macht Schluss mit doofen Gedanken. Einfach alles, was dich nervt, traurig macht oder dir nicht aus dem Kopf gehen will, auf einen Zettel schreiben und ab damit ins Monstermaul auf Nimmerwiedersehen. Aber denke dran: Nie dem Sonnenlicht aussetzen, nicht nass werden lassen und auf keinen Fall nach Mitternacht füttern!

MATERIAL

- Schachenmayr Catania (100 % Baumwolle, LL 125 m/50 g) in:
  - Reseda (Fb 402), ca. 50 g;
  - Kachelblau (Fb 380), ca. 15 g;
  - Scampi (Fb 427), ca. 20 g;
  - Graublau (Fb 269), ca. 10 g;
  - Gold (Fb 249), ca. 10 g
- Häkelnadel 2,5 mm
- 2 Sicherheitsaugen Ø 6 mm
- Füllwatte
- Stopfnadel zum Vernähen

SO GEHT'S

BÄCKCHEN (2 X IN SCAMPI)

Häkle 7 fM in einen Fadenring. Den Faden lang abschneiden und die Rd unsichtbar abschließen.

BEINE (2 X IN RESEDA)

Häkle in Spiral-Rd. Die Beine fortlaufend mit Füllwatte ausstopfen.

1. Rd: 7 fM in einen Fadenring häkeln.
2. Rd: 7 x 1 M zun. [14]
3. Rd: 14 fM häkeln.
4. Rd: *1 fM, 1 M zun*, von * bis * noch 6 x wdh. [21]

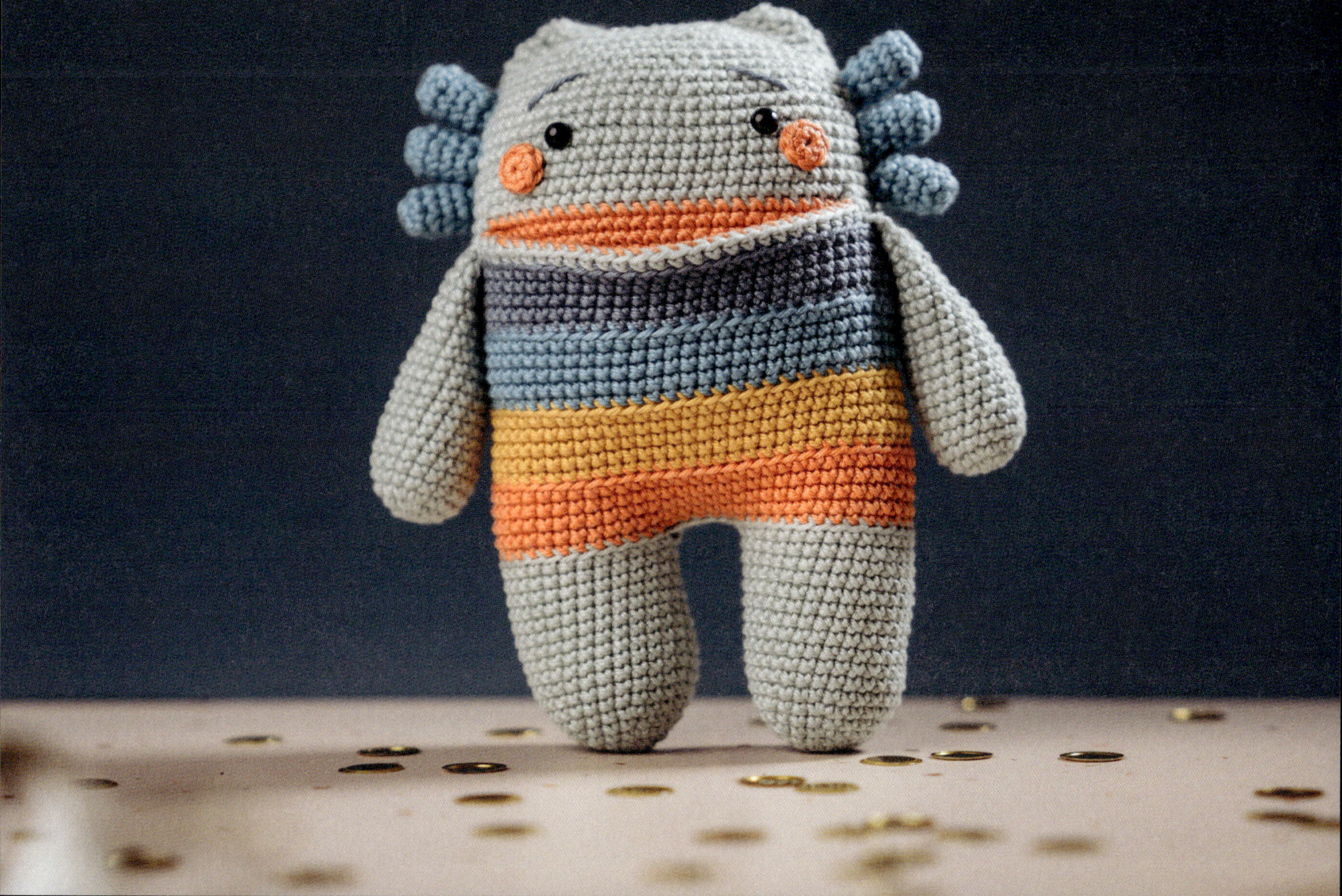

5. Rd: 21 fM häkeln.
6. Rd: *2 fM, 1 M zun*, von * bis * noch 6 x wdh. [28]
7.–17. Rd: 28 fM häkeln.
Das erste Bein abketten, den Faden vernähen. Das zweite Bein nicht abketten, es geht gleich mit der Verbindung weiter.

VERBINDUNG DER BEINE

Häkle 5 Lm, stich in das erste Bein ein und arbeite wie folgt weiter:
28 fM um das erste Bein, 5 fM in die Lm, 28 fM um das zweite Bein, 5 fM in die Lm. [66]. Nicht abketten. Weiter mit dem Körper.

KÖRPER

Weiterhin in Spiral-Rd. Fb-Wechsel zu Scampi.
Den Körper fortlaufend mit Füllwatte ausstopfen.
1. Rd: 66 fM ihM häkeln.
2.–5. Rd: 66 fM häkeln.
6. Rd: Fb-Wechsel zu Gold, 66 fM ihM häkeln.
7.–10. Rd: 66 fM häkeln.
11. Rd: Fb-Wechsel zu Kachelblau, 66 fM ihM häkeln.
12.–15. Rd: 66 fM häkeln.
16. Rd: Fb-Wechsel zu Graublau, 66 fM ihM häkeln.
17.–20. Rd: 66 fM häkeln.
21. Rd: Fb-Wechsel zu Reseda, 66 fM ihM häkeln.
22. Rd: 20 fM, 26 Lm anschl, 26 M überspringen (= Maul), 20 fM. [66]
23.–26. Rd: 66 fM häkeln.
Lege jeweils einen Faden zwischen der 26. und 27. Rd zwischen die 26. und 27. M und die 40. und 41. M. Dort werden später die Sicherheitsaugen gesetzt.
27.–29. Rd: 66 fM häkeln.
Je ein Sicherheitsauge in die zuvor markierten Stellen setzen. Jetzt die Bäckchen annähen.
30. Rd: *9 fM, 1 M abn*, von * bis * noch 5 x wdh. [60]
31. Rd: 60 fM häkeln.
32. Rd: *8 fM, 1 M abn*, von * bis * noch 5 x wdh. [54]
33. Rd: 54 fM häkeln.
34. Rd: *7 fM, 1 M abn*, von * bis * noch 5 x wdh. [48]
35. Rd: 48 fM häkeln.
Nicht abketten. Jetzt das Maul häkeln und dann anschließend den Körper an dieser Stelle fortsetzen.

MAUL (IN SCAMPI)

Häkle in Spiral-Rd. Im hinteren M-Glied der 1. übersprungenen M der 22. Rd des Körpers mit 1 stehenden fM anschlingen. Häkle je 1 fM ihM in jede unbehäkelte fM der 22. Rd und je 1 fM je Lm der 26-Lm-Kette, sodass die 1. Rd entsteht. [52]
2.–13. Rd: 52 fM häkeln.
Faden lang abschneiden. Die Maschen der 13. Rd aufeinanderlegen und die untere Kante zusammennähen. Das Maul nach innen stülpen. Jetzt weiter mit dem Körper.

FORTSETZUNG DES KÖRPERS (IN RESEDA)

Weiterhin in Spiral-Rd.

36. Rd: *6 fM, 1 M abn*, von * bis * noch 5x wdh. [42]
37. Rd: *5 fM, 1 M abn*, von * bis * noch 5x wdh. [36]
38. Rd: *4 fM, 1 M abn*, von * bis * noch 5x wdh. [30]

Faden lang abschneiden und damit die Lücke am Kopf zusammennähen. So entstehen die Ohren. Mit Graublau die Augenbrauen 2 Rd über den Augen über 2 Rd hoch und 4 M breit schräg aufsticken.

ARME (2X IN RESEDA)

Häkle in Spiral-Rd.

1. Rd: 6 fM in einen Fadenring häkeln.
2. Rd: 6x 1 M zun. [12]
3. Rd: *1 fM, 1 M zun*, von * bis * noch 5x wdh. [18]

4.–20. Rd: 18 fM häkeln.

Die 1.–11. Rd mit Füllwatte ausstopfen, der Rest des Arms bleibt frei.

Den Faden lang abschneiden. Den Arm damit in Höhe der 21. Rd an den Körper nähen.

TENTAKELN (6X IN KACHELBLAU)

Häkle in Spiral-Rd. Die Tentakeln werden nicht mit Füllwatte ausgestopft.

1. Rd: 7 fM in einen Fadenring häkeln.

2.–5. Rd: 7 fM häkeln.

Faden lang abschneiden und damit jeweils 3 Tentakeln untereinander rechts und links seitlich an den Kopf nähen.

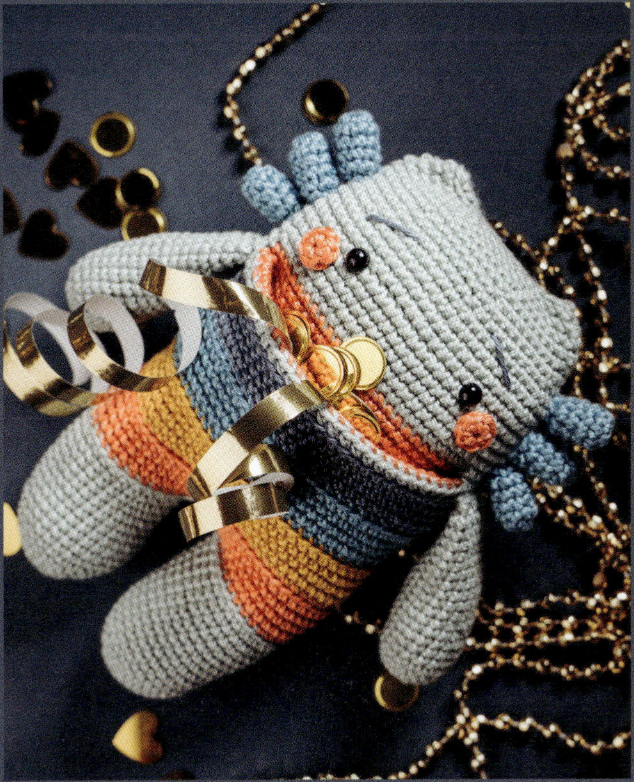

Lesezeichen – Feiner Herr & Platte Dame

Schwierigkeitsgrad: mittel
Größe: 30 x 5 cm

Wenn du auch schon mal nachts eine lästige Mücke durchs Schlafzimmer verfolgt hast, weißt du genau, wie befriedigend das Gefühl ist, wenn man den fiesen, kleinen Blutsauger endlich mit einem gezielten Schlag erwischt hat. Ach, könnte man nur so leicht auch die gemeine Chefin und den nervigen Schwiegervater loswerden …

MATERIAL

- Schachenmayr Catania (100 % Baumwolle, LL 125 m/50 g) in:
  - Graublau (Fb 269), ca. 30 g;
  - Scampi (Fb 427), ca. 20 g;
  - Aprikose (Fb 401), ca. 20 g;
  - Reseda (Fb 402), ca. 15 g;
  - Gold (Fb 249), ca. 10 g;
  - Weiß (Fb 106), Rest
- Schwarzes Filetgarn
- Häkelnadel 2,5 mm
- 2 Spaltringe in Gold Ø 6 mm
- Füllwatte
- Stopfnadel zum Vernähen

HINWEIS

Die Lesezeichen sind optimal für Taschenbücher bis ca. 20 cm Höhe. Wenn sie in andere Formate passen sollen, häkle einfach ein paar R mehr oder weniger, bis du die gewünschte Länge erreicht hast.

SO GEHT'S

KOPF (IN APRIKOSE)

Häkle in Spiral-Rd. Den Kopf fortlaufend mit Füllwatte ausstopfen.

1. Rd: 7 fM in einen Fadenring häkeln.
2. Rd: 7 x 1 M zun. [14]
3. Rd: *1 fM, 1 M zun*, von * bis * noch 6 x wdh. [21]
4. Rd: *2 fM, 1 M zun*, von * bis * noch 6 x wdh. [28]

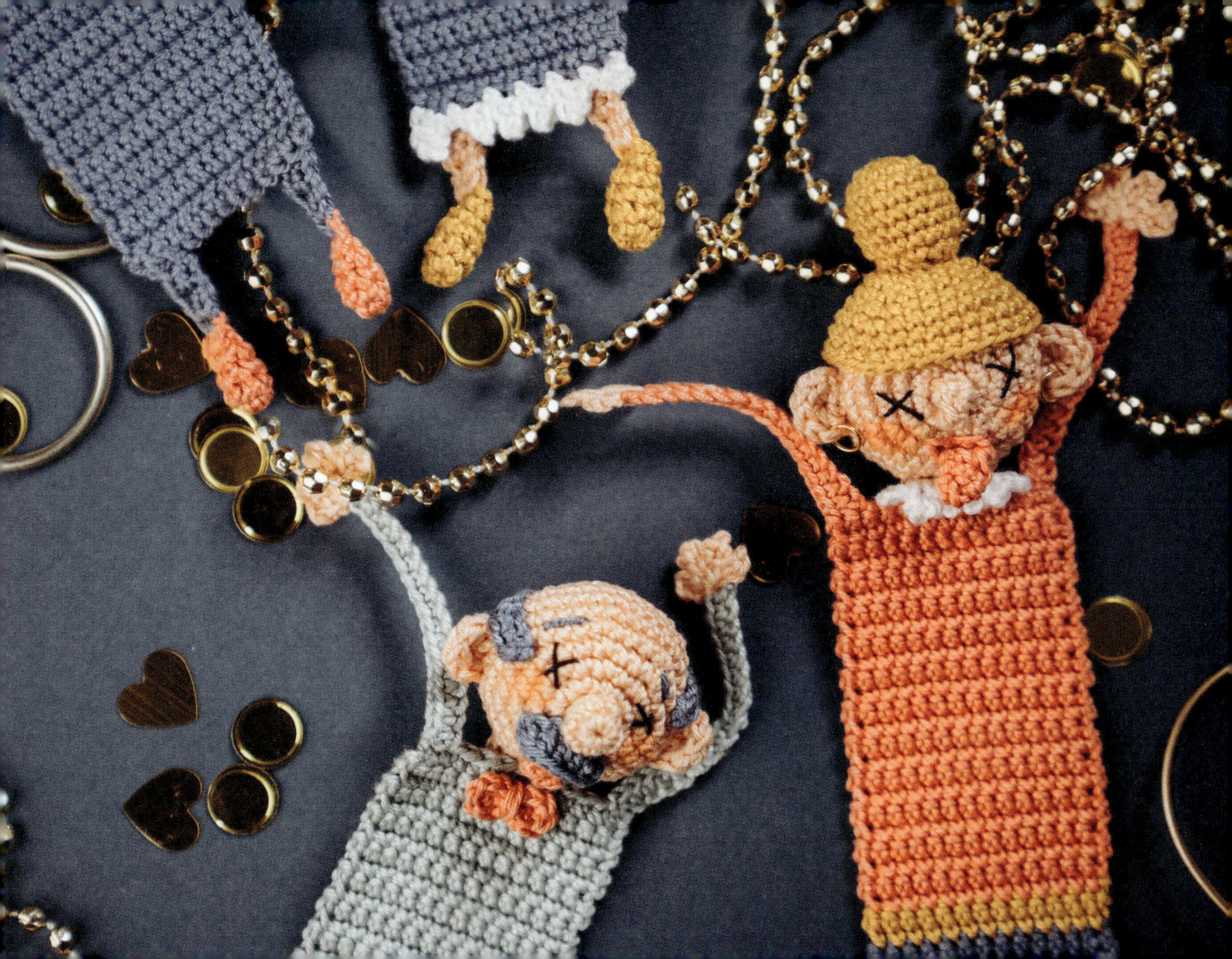

5. Rd: *3 fM, 1 M zun*, von * bis * noch 6 x wdh. [35]
6.–8. Rd: 35 fM häkeln.
9. Rd: *3 fM, 1 M abn*, von * bis * noch 6 x wdh. [28]
10. Rd: *2 fM, 1 M abn*, von * bis * noch 6 x wdh. [21]
11. Rd: *1 fM, 1 M abn*, von * bis * noch 6 x wdh. [14]
12. Rd: 7 x 1 M abn. [7]
Den Faden lang abschneiden, durch die vorderen M-Glieder der letzten Rd fädeln, festziehen und vernähen.

HALS (IN APRIKOSE)

Häkle in R. Schlinge an der 7. Rd des Kopfss mit 1 stehenden fM an (zählt als 1. M der R). Die Wende-Lm am Ende der R wird nicht mitgezählt.
1.–3. R: 5 fM, 1 Lm, wenden.
Faden abschneiden und vernähen.

OHREN (2 X IN APRIKOSE)

Schlage 2 Lm an und häkle 6 hStb ab der 2. Lm von der Nd aus. Faden lang abschneiden und damit die Ohren später annähen.

ZUNGE (IN SCAMPI)

Häkle in R. 3 Lm anschl, ab der 2. Lm von der Nd aus häkeln. Die Wende-Lm am Ende der R wird nicht mitgezählt.
1.–2. R: 2 fM, 1 Lm, wenden.
3. R: 1 M abn. [1]
Faden lang abschneiden und damit später die Zunge annähen.

DETAILS FEINER HERR

NASE (IN APRIKOSE)

Häkle in Spiral-Rd.
1. Rd: 7 fM in einen Fadenring häkeln.
2. Rd: 7 fM häkeln.
Faden durch die nächste M ziehen, lang abschneiden und damit später die Nase annähen.

SCHNURRBART (IN GRAUBLAU)

Häkle in R. 6 Lm anschl, ab der 2. Lm von der Nd aus häkeln.
1. R: 5 hStb, 1 Lm, 1 Km in die letzte M.
Faden lang abschneiden und damit später den Schnurrbart annähen.

HAARKRANZ (IN GRAUBLAU)

Häkle in R. 23 Lm anschl, ab der 2. Lm von der Nd aus häkeln.
1. R: 22 fM häkeln.
Faden lang abschneiden und damit später den Haarkranz annähen.

KOPF FERTIGSTELLEN

Die Nase mittig ins Gesicht nähen. Die Zunge direkt unterhalb der Nase annähen. Den Schnurrbart über der Zunge und unterhalb der Nase mit ein paar Stichen fixieren. Sticke die Augen mit schwarzem Filetgarn rechts und links der Nase als kleine Kreuze auf. Die Ohren auf Höhe der 7. Rd annähen. Den Haarkranz von links nach rechts über den Ohren um den Hinterkopf herumlegen und ebenfalls mit ein paar Stichen fixieren. Mit Graublau die Augenbrauen leicht schräg eine Rd über den Augen aufsticken. Die Wangen mit Rouge einfärben.

LESEZEICHEN FEINER HERR (IN GRAUBLAU, SCAMPI UND RESEDA)

Häkle in R. Beginne mit Graublau. 14 Lm anschl, ab der 2. Lm von der Nd aus häkeln. Die Wende-Lm am Ende der R wird nicht mitgezählt.
1.–40. R: 13 fM, 1 Lm, wenden.
Fb-Wechsel zu Scampi.
41.–42. R: 13 fM, 1 Lm, wenden.
Fb-Wechsel zu Reseda.
43.–66. R: 13 fM, 1 Lm, wenden.
Faden abschneiden und vernähen.

FLIEGE (IN SCAMPI)

Häkle in Rd. 4 Lm anschl, ab der 2. Lm von der Nd aus 1 M zun, 1 Km, 5 fM in 1 M, 1 Km, 3 fM in 1 M häkeln. Faden durch die letzte M ziehen, lang abschneiden und damit die Fliege später annähen.

ARME (2 X IN RESEDA)

Häkle in R. Schlinge in der 13. M der 66. R des Lesezeichens mit 1 Km an. 17 Lm anschl, ab der 2. Lm von der Nd aus häkeln.
1. R: 16 fM, mit 1 Km in die 12. M der 66. R enden.
Faden abschneiden und vernähen. Für den 2. Arm in der 1. M der 66. R beginnen.

HÄNDE (2 X IN APRIKOSE)

Schlinge in der 1. M eines Arms mit 1 Km an. Häkle wie folgt:
1. R: *5 Lm, 1 Km in die 1. M*, von * bis * noch 3 x wdh.
Faden abschneiden und vernähen. Beim 2. Arm wdh.

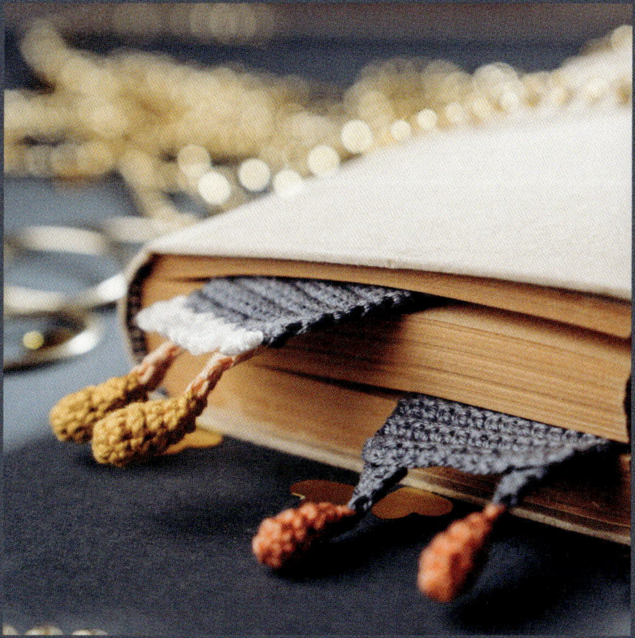

BEINE UND SCHUHE (2X IN SCAMPI UND GRAUBLAU)

Häkle in Spiral-Rd. Beginne mit Scampi.
1. Rd: 6 fM in einen Fadenring häkeln.
2.–4. Rd: 6 fM häkeln.
Den Schuh mit etwas Füllwatte ausstopfen. Die letzte Rd zusammendrücken und mit 2 fM zusammenhäkeln. Nicht abketten. Häkle ab hier in R mit Wende-Lm. Die Wende-Lm am Ende der R wird nicht mitgezählt. Fb-Wechsel zu Graublau.
1.–5. R: 2 fM, 1 Lm, wenden.
6. Rd: 2 fM häkeln.
Faden abschneiden und vernähen.

DETAILS PLATTE DAME

FRISUR (IN GOLD)

Häkle in Spiral-Rd. 6 Lm anschl, ab der 2. Lm von der Nd aus wie folgt um die Lm-Kette herumhäkeln:
1. Rd: 4 fM, 3 fM in 1 M, weiter an der Unterseite, 3 fM, 1 M zun. [12]
2. Rd: 1 M zun, 3 fM, 1 M zun, 1 fM, 1 M zun, 3 fM, 1 M zun, 1 fM. [16]
3. Rd: 1 fM, 1 M zun, *3 fM, 1 M zun*, von * bis * noch 2 x wdh, 2 fM. [20]
4. Rd: 1 fM, 1 M zun, 5 fM, 1 M zun, 3 fM, 1 M zun, 5 fM, 1 M zun, 2 fM. [24]
5. Rd: 1 fM, 1 M zun, 7 fM, 1 M zun, 3 fM, 1 M zun, 7 fM, 1 M zun, 2 fM. [28]
6.–7. Rd: 28 fM häkeln.
Faden lang abschneiden und damit später die Frisur annähen.

DUTT (IN GOLD)

Häkle in Spiral-Rd.
1. Rd: 7 fM in einen Fadenring häkeln.
2. Rd: 7 x 1 M zun. [14]
3.–7. Rd: 14 fM häkeln.
8. Rd: 7 x 1 M abn. [7]
Den Faden lang abschneiden. Den Dutt mit etwas Füllwatte ausstopfen und mittig oben auf die Frisur nähen.

NASE (IN APRIKOSE)

Häkle in R. 2 Lm anschl, ab der 2. Lm von der Nd aus häkeln. Die Wende-Lm am Ende der R wird nicht mitgezählt.
1. R: 1 fM, 1 Lm, wenden.
2. R: 1 fM häkeln.
Faden lang abschneiden und damit später die Nase annähen.

KOPF FERTIGSTELLEN

Die Nase mittig ins Gesicht nähen. Die Zunge eine Rd unterhalb der Nase annähen. Mit je einem Spannstich ober- und unterhalb der Zunge mit Scampi die Lippen aufsticken. Sticke die Augen mit schwarzem Filetgarn rechts und links der Nase als kleine Kreuze auf.

Die Frisur mittig auf den Kopf setzen und ebenfalls mit ein paar Stichen fixieren. Die Ohren auf Höhe der 7. Rd annähen. In die Ohren jeweils einen Spaltring einfädeln. Die Wangen mit Rouge einfärben.

LESEZEICHEN PLATTE DAME (IN GRAUBLAU, GOLD UND SCAMPI)

Häkle in R. Beginne mit Graublau. 14 Lm anschl, ab der 2. Lm von der Nd aus häkeln. Die Wende-Lm am Ende der R wird nicht mitgezählt.
1.–40. R: 13 fM, 1 Lm, wenden.
Fb-Wechsel zu Gold.
41.–42. R: 13 fM, 1 Lm, wenden.
Fb-Wechsel zu Scampi.
43.–65. R: 13 fM, 1 Lm, wenden.
66. R: 13 fM, 1 Lm, wenden.
Faden abschneiden und vernähen.

ROCKSAUM (IN WEISS)

Schlinge in der 1. M der Anfangs-Lm-Kette des Lesezeichens mit 1 Km an. Häkle wie folgt:
3 Lm, 2 fM ab der 2. Lm von der Nd aus, 1 M überspringen, 1 fM in die folgende M, von * bis * noch 5x wdh.
Faden abschneiden und vernähen.

KRAGEN (IN WEISS)

Schlinge in der 10. M der 66. R des Lesezeichens mit 1 Km an. Häkle wie folgt in Richtung der 1. M:
4 Lm, 1 Km in die folgende M, von * bis * noch 5x wdh.
Faden abschneiden und vernähen.

ARME (2X IN SCAMPI UND APRIKOSE)

Häkle wie beim Platten Herrn. Beginne mit Scampi.

HAND (2X IN APRIKOSE)

Häkle wie beim Platten Herrn.

BEINE UND SCHUHE (2X IN GOLD UND APRIKOSE)

Häkle in Spiral-Rd. Beginne mit Gold.
1. Rd: 6 fM in einen Fadenring häkeln.
2.–5. Rd: 6 fM häkeln.
Den Schuh mit etwas Füllwatte ausstopfen. Die M der letzten Rd zusammendrücken und mit 2 fM zusammenhäkeln. Nicht abketten. Häkle ab hier in R mit Wende-Lm. Die Wende-Lm am Ende der R wird nicht mitgezählt.
Fb-Wechsel zu Aprikose.
1.–5. R: 2 fM, 1 Lm, wenden.
6. Rd: 2 fM häkeln.
Faden abschneiden und vernähen.

DIE LESEZEICHEN FERTIGSTELLEN

Den Kopf von hinten an die obere Kante des Lesezeichens nähen. Jetzt die Fliege des Feinen Herrn annähen. Den Faden dabei 2-3x um die Mitte der Schleife wickeln und sie anschließend auf dem Lesezeichen fixieren. Die Beine mit Schuhen von hinten an die untere Kante des Lesezeichens häkeln.

Hai frisst Stress

Schwierigkeitsgrad: schwer
Größe: ca. 14 x 5 cm

Wir würden natürlich NIEMALS jemanden, der uns nervt und uns das Leben schwer macht, an einen Hai verfüttern. Aber man wird ja wohl noch träumen dürfen ...

MATERIAL

- Schachenmayr Catania (100 % Baumwolle, LL 125 m/50 g) in:
  - Kachelblau (Fb 380), ca. 30 g;
  - Scampi (Fb 427), ca. 20 g;
  - Gold (Fb 249), ca. 10 g
- Häkelnadel 2,5 mm
- 2 Sicherheitsaugen Ø 4 mm
- 2 x weißer Bastelfilz, ca. 7 x 1 cm
- Füllwatte
- Stopfnadel zum Vernähen

SO GEHT'S

BEINE (2 X IN GOLD UND SCAMPI)

Häkle in Spiral-Rd. Beginne mit Gold. Die Beine fortlaufend mit Füllwatte ausstopfen.

4 Lm anschl, ab der 2. Lm von der Nd aus wie folgt um die Lm-Kette herumhäkeln:

1. Rd: 2 fM, 3 fM in 1 M, weiter an der Unterseite, 1 fM, 1 M zun. [8]
2. Rd: *3 fM, 3 fM in 1 M*, von * bis * noch 1 x wdh. [12]
3. Rd: 4 fM, 1 M zun, 5 fM, 1 M zun, 1 fM. [14]
4. Rd: 14 fM ihM häkeln.
5. Rd: 14 fM häkeln.
6. Rd: 4 fM, 3 x 1 M abn, 4 fM. [11]
7.–8. Rd: 11 fM häkeln.
Fb-Wechsel zu Scampi.
9. Rd: 11 fM ihM häkeln.
10.–17. Rd: 11 fM häkeln.

Das erste Bein abketten, den Faden vernähen. Das zweite Bein nicht abketten, es geht gleich mit der Verbindung weiter.

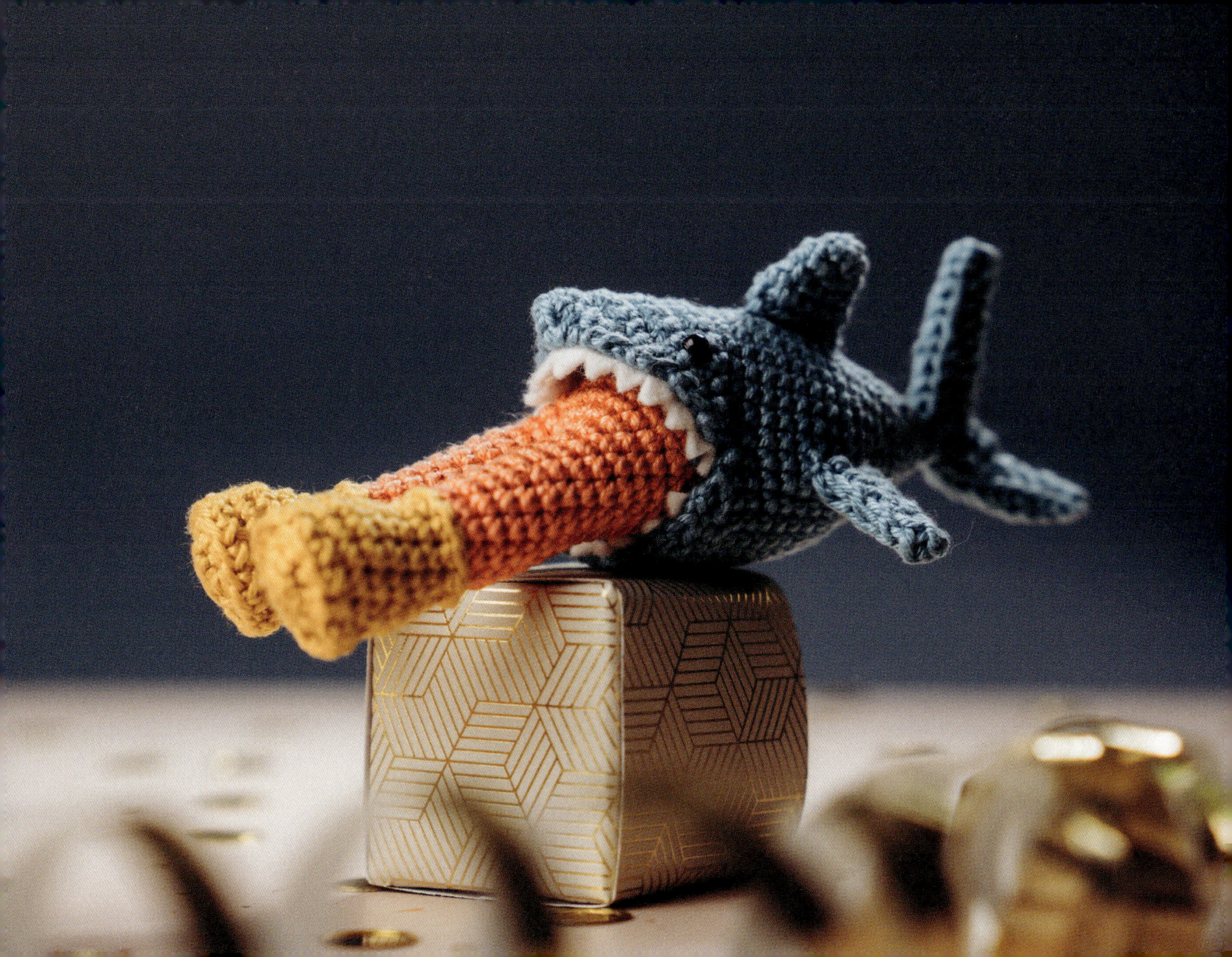

VERBINDUNG DER BEINE
Häkle 2 Lm, stich in das erste Bein ein und arbeite wie folgt weiter:
11 fM um das erste Bein, 2 fM in die Lm, 11 fM um das zweite Bein, 2 fM in die Lm. [26]. Nicht abketten. Weiter mit dem Schritt.

SCHRITT
Weiterhin in Scampi. Den Schritt fortlaufend mit Füllwatte ausstopfen.
1.–5. Rd: 26 fM häkeln.
6. Rd: *2 fM, 1 M abn*, von * bis * noch 5 x wdh, 2 fM. [20]

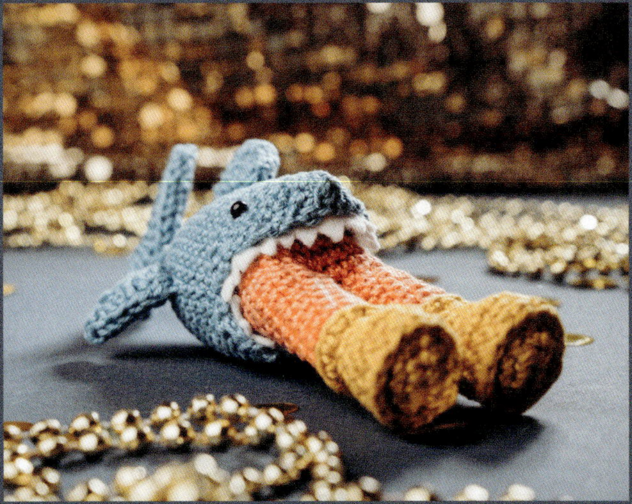

7. Rd: *1 fM, 1 M abn*, von * bis * noch 5 x wdh, 1 M abn. [13]
8. Rd: 6 x 1 M abn, 1 M überspringen. [6]
Faden lang abschneiden und damit die Lücke oberhalb schließen.

SCHUHSOHLE (2 X IN GOLD)
In einem vorderen M-Glied der 4. Rd des Beins mit 1 stehenden fM von oben einstechen und eine Rd mit 14 fM ihM häkeln. Die Runde unsichtbar abschließen. Beim zweiten Bein wdh.

OBERER ABSCHLUSS DER SCHUHE (2 X IN GOLD)
In einem vorderen M-Glied der 9. Rd des Beins mit 1 stehenden fM von unten einstechen und eine Rd mit 11 fM ihM häkeln. Die Runde unsichtbar abschließen. Beim zweiten Bein wdh.

HAIFISCH (IN KACHELBLAU)

KÖRPER UND OBERKIEFER
Häkle in Spiral-Rd.
1. Rd: 6 fM in einen Fadenring häkeln.
2. Rd: 6 fM häkeln.
3. Rd: 6 x 1 M zun. [12]
4. Rd: 12 fM häkeln.
5. Rd: *1 fM, 1 M zun*, von * bis * noch 5 x wdh. [18]
6. Rd: 18 fM häkeln.

7. Rd: *3 fM, 1 M zun, 4 fM, 1 M zun*, von * bis * noch 1x wdh. [22]
8. Rd: 22 fM häkeln.
9. Rd: *1 fM, 1 M zun*, von * bis * noch 10x wdh. [33]
10.–16. Rd: 33 fM häkeln.
17. Rd: 18 fM, 1 Lm, wenden. Die restlichen M bleiben frei.
Ab hier weiter in R häkeln. Die Lm am Ende der R wird nicht mitgezählt. Hier beginnt der Oberkiefer des Hais.
18. R: 1 M abn, 14 fM, 1 M abn, 1 Lm, wenden. [16]
19. R: 1 M abn, 12 fM, 1 M abn, 1 Lm, wenden. [14]
20. R: 1 M abn, 10 fM, 1 M abn, 1 Lm, wenden. [12]
21. R: 12 fM häkeln, 1 Lm, wenden.
22. R: 1 M abn, 8 fM, 1 M abn, 1 Lm, wenden. [10]
23. R: 1 M abn, 6 fM, 1 M abn, 1 Lm, wenden. [8]
24. R: 1 M abn, 4 fM, 1 M abn, 1 Lm, wenden. [6]
25. R: 1 M abn, 2x 1 M zun, 1 M abn. [6]
Faden lang abschneiden. Den Kiefer an der oberen Spitze zusammendrücken und die mittleren beiden M mit dem langen Faden zusammennähen, sodass eine kleine Nasenspitze entsteht. Faden abschneiden und vernähen.

UNTERKIEFER (IN KACHELBLAU)

Häkle in R. In der 19. M der 17. Rd des Körpers mit 1 Km anschlingen. Je 1 fM in die folgenden 15 M häkeln. 1 Km in die letzte freie M der 17. Rd häkeln, 1 Lm, wenden. Weiter in R. Die Lm am Ende der R wird nicht mitgezählt.
18. R: 1 Km überspringen, 15 fM, 1 Lm, wenden.
19. R: 1 M abn, 11 fM, 1 M abn, 1 Lm, wenden. [13]
20. R: 1 M abn, 9 fM, 1 M abn, 1 Lm, wenden. [11]
21. R: 1 M abn, 7 fM, 1 M abn, 1 Lm, wenden. [9]
22. R: 1 M abn, 5 fM, 1 M abn. [7]
Faden abschneiden und vernähen.

SCHWANZFLOSSE (2X IN KACHELBLAU)

Häkle in R. 18 Lm anschl, ab der 2. Lm von der Nd aus häkeln.
1. R: 2 fM, 3 hStb, 3 Stb, (1 Stb, 1 DStb, 1 Stb) in 1 M, 3 Stb, 3 hStb, 2 fM. [19]
Faden lang abschneiden. Eine zweite Schwanzflosse häkeln. Beide Teile aufeinanderlegen und zusammennähen. Faden abschneiden und vernähen. Die fertige Schwanzflosse an die hintere Spitze des Körpers nähen.

RÜCKENFLOSSE (IN KACHELBLAU)

Häkle in Spiral-Rd.
1. Rd: 6 fM in einen Fadenring häkeln.
2. Rd: 6 fM häkeln.
3. Rd: *1 M zun, 2 fM*, von * bis * noch 1x wdh. [8]
4. Rd: *1 M zun, 3 fM*, von * bis * noch 1x wdh. [10]
5. Rd: *1 M zun, 4 fM*, von * bis * noch 1x wdh. [12]
Faden lang abschneiden und damit die Rückenflosse oben auf den Körper nähen.

SEITENFLOSSEN (4 X IN KACHELBLAU)

Häkle in R. 8 Lm anschl, ab der 2. Lm von der Nd aus häkeln.

1. R: 1 Km, 1 fM, 2 hStb, 3 Stb. [7]

Faden lang abschneiden. Eine zweite Seitenflosse häkeln. Beide Teile aufeinanderlegen und zusammennähen. Faden abschneiden und vernähen. Die fertige Seitenflosse seitlich an den Körper nähen. Für die gegenüberliegende Seite wdh.

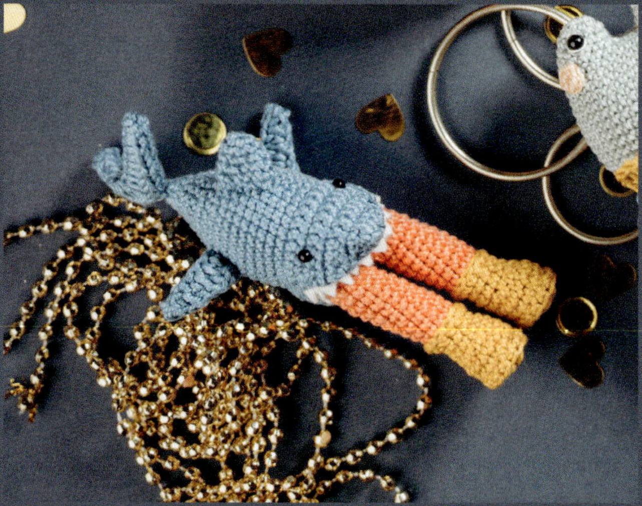

HAI FERTIGSTELLEN

Die Augen zwischen der 20. und 21. Rd des Oberkiefers mit 8 M Abstand anbringen. Für die Zähne ein ca. 1 cm breites Stück Bastelfilz mit einer Länge von 7 cm für den Oberkiefer und 5 cm für den Unterkiefer zurechtschneiden. Aus jedem Stück kleine Dreiecke mit einer Breite von ca. 0,5 cm ausschneiden. Die fertigen Streifen von innen im Ober- bzw. Unterkiefer festnähen. Starte dazu in der Mitte der Kiefer und nähe von dort aus jeweils bis in die äußeren Mundwinkel. Den Körper des Hais anschließend bis zum Kiefer mit Füllwatte ausstopfen. Nun die Beine mit dem Schritt voran in das Maul des Hais schieben und dort mit ein paar Stichen fixieren.

Küss den Frosch

Schwierigkeitsgrad: schwer
Größe: ca. 12 cm

Beziehung? Puh. Dating? Doppel-Puh. Manchmal macht die Liebe einen fertig. Für diesen Fall bietet sich der kleine Frosch zum Küssen an. Er hat sogar Blumen mitgebracht und ist schon ganz aufgeregt.

MATERIAL

- Schachenmayr Catania (100 % Baumwolle, LL 125 m/50 g) in:
  - Reseda (Fb 402), 50 g;
  - Scampi (Fb 427), 20 g;
  - Gold (Fb 249), Rest;
  - Graublau (Fb 269), Rest;
  - Kachelblau (Fb 380), Rest;
  - Aprikose (Fb 401), Rest
- Weißes Filetgarn
- Häkelnadel 2,5 mm
- 2 Sicherheitsaugen Ø 5 mm
- Füllwatte
- Sticknadel
- Stopfnadel zum Vernähen

SO GEHT`S

BÄCKCHEN (2 X IN SCAMPI)

Häkle 5 fM in einen Fadenring. Den Faden lang abschneiden und die Rd unsichtbar abschließen.

AUGEN (2 X IN RESEDA)

Häkle in Spiral-Rd.

1. Rd: 6 fM in einen Fadenring häkeln.
2. Rd: *1 fM, 1 M zun*, von * bis * noch 2 x wdh. [9]
3. Rd: 9 fM häkeln.
4. Rd: *2 fM, 1 M zun*, von * bis * noch 2 x wdh. [12]

Das erste Auge abketten, den Faden vernähen. Das zweite Auge nicht abketten, es geht gleich mit der Verbindung weiter.

VERBINDUNG DER AUGEN

Häkle 3 Lm, stich in das erste Auge ein und arbeite wie folgt weiter:
12 fM um das erste Auge, 3 fM in die Lm, 12 fM um das zweite Auge, 3 fM in die Lm. [30]. Nicht abketten. Weiter mit dem Kopf.

KOPF (IN RESEDA)

Häkle in Spiral-Rd.
1. Rd: *4 fM, 1 M zun*, von * bis * noch 5 x wdh. [36]
2.–3. Rd: 36 fM.
4. Rd: *5 fM, 1 M zun*, von * bis * noch 5 x wdh. [42]
Je ein Sicherheitsauge in jedes Auge platzieren. Jetzt die Bäckchen annähen.
5.–12. Rd: 42 fM häkeln.
Beginne, den Kopf auszustopfen.
13. Rd: *5 fM, 1 M abn*, von * bis * noch 5 x wdh. [36]
14. Rd: *4 fM, 1 M abn*, von * bis * noch 5 x wdh. [30]
15. Rd: *3 fM, 1 M abn*, von * bis * noch 5 x wdh. [24]
Faden abschneiden und vernähen. Mit weißem Filetgarn das Augenweiß unter die Augen sticken.

KÖRPER

BEIN (2 X IN RESEDA)

Häkle in Spiral-Rd. Die Beine fortlaufend ausstopfen.
1. Rd: 6 fM in einen Fadenring häkeln.
2. Rd: *1 fM, 1 M zun*, von * bis * noch 2 x wdh. [9]
3.–4. Rd: 9 fM häkeln.
5. Rd: *2 fM, 1 M zun*, von * bis * noch 2 x wdh. [12]
6. Rd: 12 fM.
7. Rd: *5 fM, 1 M zun*, von * bis * noch 1 x wdh. [14]
8. Rd: 14 fM häkeln.
Das erste Bein abketten, den Faden vernähen. Das zweite Bein nicht abketten, es geht gleich mit der Verbindung weiter.

VERBINDUNG DER BEINE

Stich in das erste Bein ein und arbeite wie folgt weiter:
14 fM um das erste Bein, 14 fM um das zweite Bein. [28].
Nicht abketten. Weiter mit dem Rumpf.

RUMPF (IN RESEDA)

Häkle in Spiral-Rd. Den Rumpf fortlaufend ausstopfen.
1. Rd: 28 fM häkeln.
2. Rd: *4 fM, 1 M zun*, von * bis * noch 1 x wdh, 8 fM, *1 M zun, 4 fM*, von * bis * noch 1 x wdh. [32]
3.–6. Rd: 32 fM häkeln.

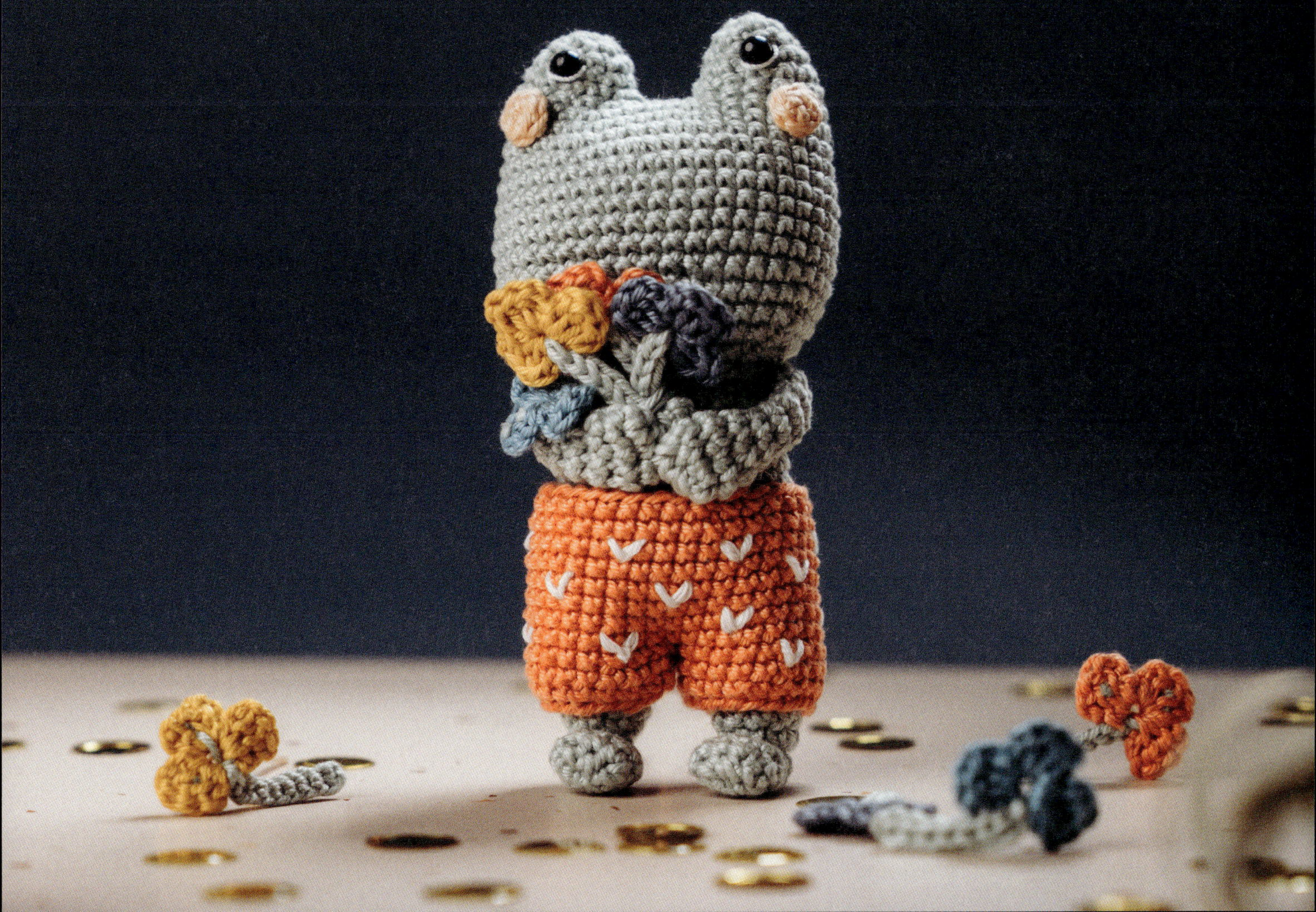

7. Rd: *4 fM, 1 M abn*, von * bis * noch 1x wdh, 8 fM, 1 M abn, 4 fM, 1 M abn, 4 fM. [28]
8. Rd: 28 fM häkeln.
9. Rd: 3 fM, 1 M abn, *5 fM, 1 M abn*, von * bis * noch 2x wdh, 2 fM. [24]
10.–11. Rd: 24 fM häkeln.
Faden lang abschneiden und damit den Kopf annähen.

FLOSSEN (2X IN RESEDA)

Häkle in Spiral-Rd. 4 Lm anschl, ab der 2. Lm von der Nd aus wie folgt um die Lm-Kette herumhäkeln:
1. Rd: 2 fM, 3 fM in 1 M, weiter an der Unterseite, 1 fM, 1 M zun. [8]
2.–3. Rd: 8 fM häkeln.
4. Rd: *1 M abn, 2 fM*, von * bis * noch 1x wdh. [6]
5. Rd: 6 fM häkeln.
Faden lang abschneiden und damit die Lücke an der Ferse schließen. Von unten an die Beine nähen.

ARM MIT FLOSSE (2X IN RESEDA)

Häkle in Spiral-Rd. 4 Lm anschl, ab der 2. Lm von der Nd aus wie folgt um die Lm-Kette herum häkeln:
1.–5. Rd der Flossen wdh. Nicht abketten.
6.–9. Rd: 6 fM häkeln.
Faden lang anschneiden und damit die Arme direkt unter dem Kopf seitlich an den Körper nähen.

HOSE

HOSENBEINE (2X IN SCAMPI)

Häkle in Spiral-Rd. 18 Lm mit 1 Km zum Ring schließen.
1.–2. Rd: 18 fM häkeln.
Das erste Hosenbein abketten, den Faden vernähen. Das zweite Hosenbein nicht abketten, es geht gleich mit der Verbindung weiter.

VERBINDUNG DER HOSENBEINE

Stich in das erste Hosenbein ein und arbeite wie folgt weiter:
18 fM um das erste Hosenbein, 18 fM um das zweite Hosenbein [36]. Nicht abketten. Weiter mit dem Schritt.

SCHRITT (IN SCAMPI)

Häkle in Spiral-Rd.
1.–7. Rd: 36 fM häkeln.
8. Rd: *7 fM, 1 M abn*, von * bis * 3x wdh. [32]
Faden abschneiden und vernähen. Mit weißem Filetgarn kleine V-förmige Herzchen aufsticken. Die Hose von unten über den Körper ziehen.

BLUMEN

BLUMENBLÜTE (4X IN GOLD, SCAMPI, KACHELBLAU ODER GRAUBLAU)

Häkle in R. 3 Lm anschl und *2 Stb, 2 Lm, 1 Km in die 2. Lm von der Nd aus häkeln*, von * bis * noch 2x wdh.

Faden abschneiden und vernähen. Häkle je eine Blüte je Farbe.

BLUMENSTIEL (4 X IN RESEDA)

Schlinge in der 1. Lm der Anfangs-Lm-Kette der Blüte mit 1 Km an und häkle wie folgt:
8 Lm anschl und 7 Km ab der 2. Lm von der Nd aus häkeln. Mit 1 Km in die Anfangs-M enden. Faden abschneiden und vernähen. Häkle einen Stiel an jede Blüte.

FERTIGSTELLEN

Nimm die 4 Blumen an den Stielen zu einem Strauß zusammen und fixiere sie mit ein paar Stichen. Nähe die Arme des Frosches vor dem Körper zusammen. Stecke den Blumenstrauß hinter die Arme und nähe ihn fest.

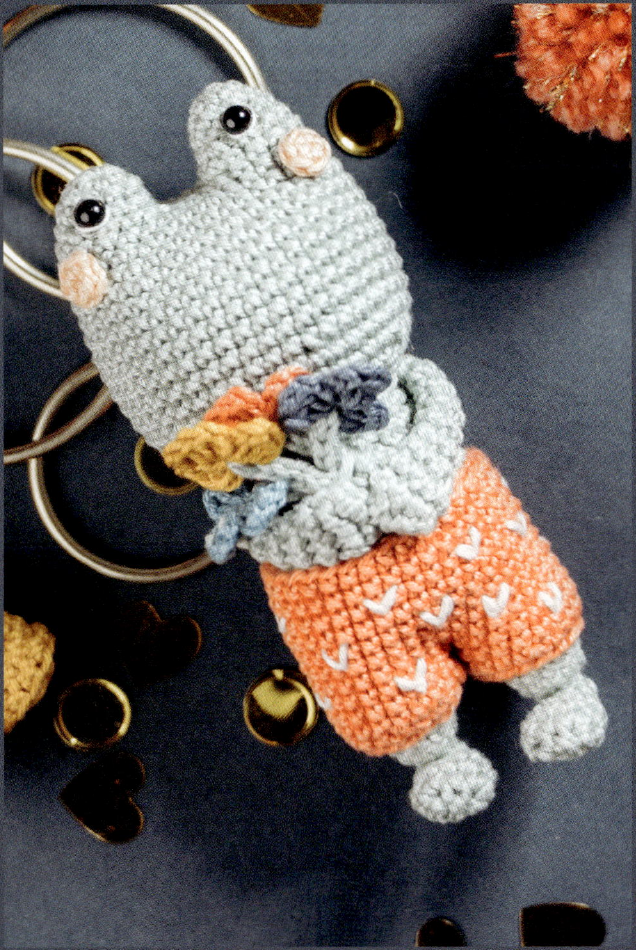

Schlafmaske mit Katzenohren

Schwierigkeitsgrad: leicht
Größe: ca. 18 x 12 cm

Morgens einfach mal liegen bleiben?
Super einfach, mit dieser gemütlichen Schlafmaske mit Botschaft!

MATERIAL

- Schachenmayr Bravo (100 % Polyacryl, LL 133 m/50 g) in:
  - Lily (Fb 8027), ca. 30 g;
  - Goldmarie (Fb 8028), ca. 30 g;
  - Airforce (Fb 8362), Rest;
  - Mint (Fb 8359), Rest
- Gummiband 40 x 2,5 cm
- Häkelnadel 4,0 mm
- Füllwatte
- Sticknadel
- Bleistift
- Stopfnadel zum Vernähen

SO GEHT'S

SCHLAFMASKE – TEIL 1 (IN GOLDMARIE ODER LILY)

Häkle in R. 41 Lm anschl, ab der 2. Lm von der Nd aus häkeln. Die Wende-Lm am Ende der R wird nicht mitgezählt.

1.–8. R: 40 fM, 1 Lm, wenden.
9. R: 1 M abn, 36 fM, 1 M abn, 1 Lm, wenden. [38]
10. R: 38 fM, 1 Lm, wenden.
11. R: 1 M abn, 34 fM, 1 M abn, 1 Lm, wenden. [36]
12. R: 36 fM, 1 Lm, wenden.
13. R: 1 M abn, 32 fM, 1 M abn, 1 Lm, wenden. [34]
14. R: 34 fM, 1 Lm, wenden.
15. R: 1 M abn, 30 fM, 1 M abn, 1 Lm, wenden. [32]
16. R: 1 M abn, 28 fM, 1 M abn, 1 Lm, wenden. [30]
17. R: 1 M abn, 11 fM, 1 M abn, die restlichen M bleiben frei, 1 Lm, wenden. [13]

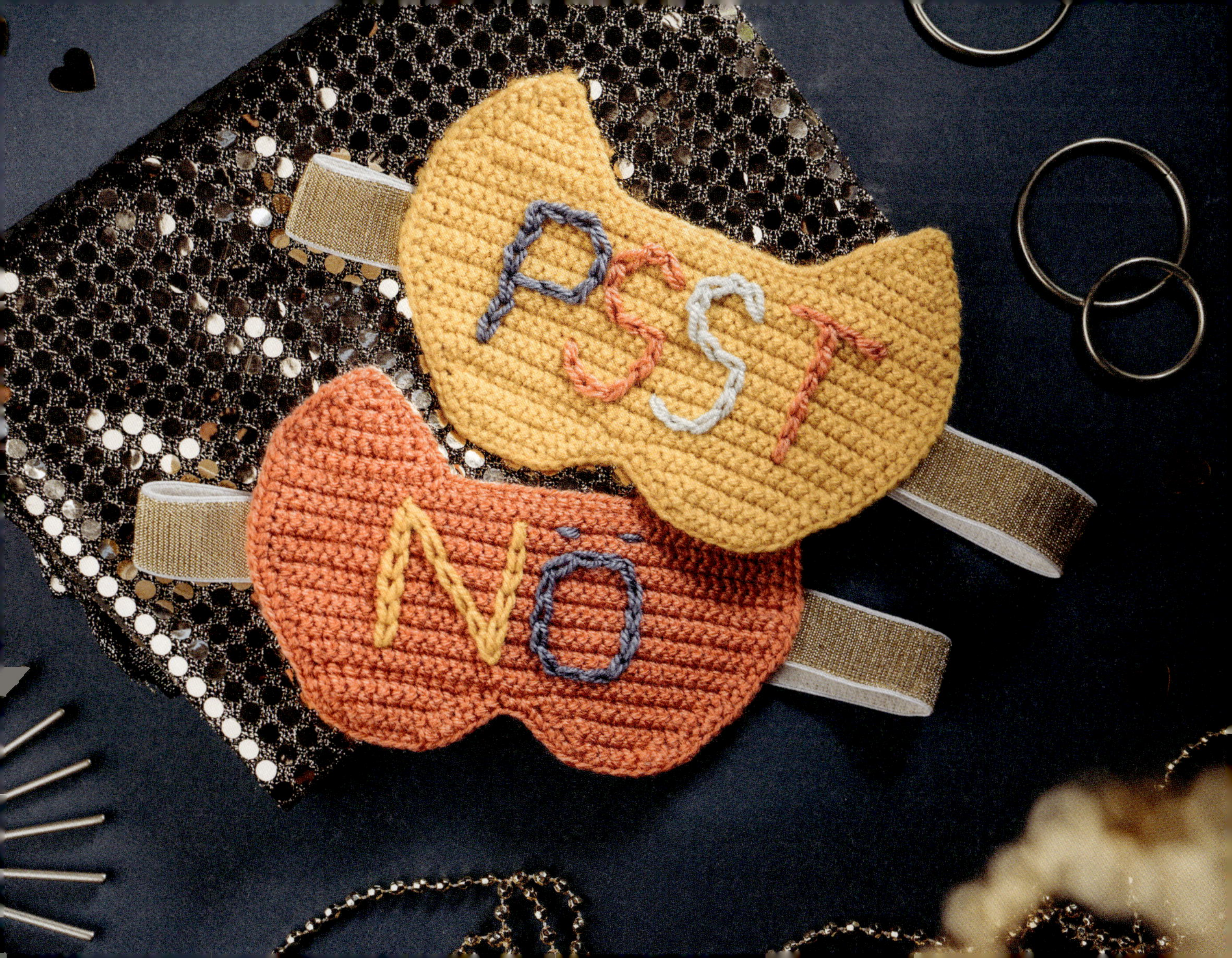
PSST
NÖ

18. R: 1 M abn, 11 fM, 1 Lm, wenden. [12]
19. R: 1 M abn, 8 fM, 1 M abn, 1 Lm, wenden. [10]
20. R: 1 M abn, 6 fM, 1 M abn, 1 Lm, wenden. [8]
21. R: 1 M abn, 4 fM, 1 M abn. [6]
Faden abschneiden und vernähen.

SCHLAFMASKE – TEIL 2 (IN GOLDMARIE ODER LILY)

Häkle in R. Die Wende-Lm am Ende der R wird nicht mitgezählt. Schlinge in der 1. M der 16. R von Teil 1 mit 1 stehenden fM an (zählt als 1. M der R) und wdh die 17.–21. R.

KATZENOHREN (2 X IN GOLDMARIE ODER LILY)

Häkle in R. Die Wende-Lm am Ende der R wird nicht mitgezählt. Schlinge in der 1. M der Anfangs-Lm-Kette der Schlafmaske mit 1 stehenden fM an (zählt als 1. M der R) und häkle wie folgt:
1. R: 12 fM, 1 Lm, wenden.
2. R: 1 M abn, 8 fM, 1 M abn, 1 Lm, wenden. [10]
3. R: 1 M abn, 6 fM, 1 M abn, 1 Lm, wenden. [8]
4. R: 8 fM, 1 Lm, wenden.
5. R: 1 M abn, 4 fM, 1 M abn, 1 Lm, wenden. [6]
6. R: 1 M abn, 2 fM, 1 M abn, 1 Lm, wenden. [4]
7. R: 2 x 1 M abn, 1 Lm, wenden. [2]
8. R: 1 M abn. [1]

Faden abschneiden und vernähen. Schlinge für das zweite Katzenohr in der letzten M der Anfangs-Lm-Kette der Schlafmaske mit 1 stehenden fM an und wdh die 1.–8. R.

FERTIGSTELLEN

Die fertige Schlafmaske mit einer Rd fM umhäkeln. Häkle dabei jeweils 3 fM in die Spitzen der Katzenohren (8. R). Sticke mit einem Kettstich »NÖ« und »PSST« auf. Zeichne die Buchstaben mit einem Bleistift leicht vor. Das erleichtert das Aufsticken. Das Gummiband mittig von hinten an die Maske nähen. Um die richtige Länge zu bestimmen, lege das Gummiband vorher zur Probe einmal unter Spannung um deinen Kopf herum.

TIPP

Wenn du es besonders kuschelig auf den Augen magst, häkle zwei Schlafmasken und nähe sie aufeinander.

Glücksschwein

Schwierigkeitsgrad: leicht
Größe: ca. 7 x 5 cm

Wenn die Angst vor einer Prüfung zu heftig, der Stress vor einem wichtigen Termin zu mächtig oder die Wut im Bauch zu groß ist, häkle dir einfach ein bisschen Glück und gutes Gelingen.

MATERIAL

- Schachenmayr Catania (100 % Baumwolle, LL 125 m/50 g) in:
  - Aprikose (Fb 401), 30 g;
  - Scampi (Fb 427), Rest;
  - Reseda (Fb 402), Rest
- Häkelnadel 2,5 mm
- 2 Sicherheitsaugen Ø 4 mm
- Füllwatte
- Stopfnadel zum Vernähen
- Stecknadeln

SO GEHT'S

SCHWEINCHEN (IN APRIKOSE)

Häkle in Spiral-Rd.

1. Rd: 8 fM in einen Fadenring häkeln.
2. Rd: 8 fM ihM häkeln.
3.–4. Rd: 8 fM häkeln.
5. Rd: 8 x 1 M zun. [16]
6. Rd: 16 fM häkeln.
7. Rd: *3 fM, 1 M zun*, von * bis * noch 3 x wdh. [20]
8. Rd: 20 fM häkeln.
9. Rd: *4 fM, 1 M zun*, von * bis * noch 3 x wdh. [24]
10. Rd: *5 fM, 1 M zun*, von * bis * noch 3 x wdh. [28]

Die Sicherheitsaugen zwischen der 6. und 7. Rd mit 3 M Abstand befestigen.

11.–21. Rd: 28 fM häkeln.
22. Rd: *5 fM, 1 M abn*, von * bis * noch 3 x wdh. [24]
23. Rd: *2 fM, 1 M abn*, von * bis * noch 5 x wdh. [18]
24. Rd: *1 fM, 1 M abn*, von * bis * noch 5 x wdh. [12]
25. Rd: 6 x 1 M abn. [6]

Den Faden lang abschneiden, durch die vorderen M-Glieder der letzten Rd fädeln, festziehen und vernähen.

BEINE (4 X IN APRIKOSE)

Häkle in Spiral-Rd.

1. Rd: 7 fM in einen Fadenring häkeln.
2. Rd: 7 fM ihM häkeln.
3. Rd: *1 fM, 1 M zun*, von * bis * noch 2 x wdh, 1 fM. [10]
4. Rd: 10 fM häkeln.
5. Rd: 5 fM, die restlichen M bleiben frei. [5]

Faden lang abschneiden und damit die Beine annähen. Die 5 fM der 5. Rd liegen dabei außen.

HINWEIS

Fixiere die Beine vor dem Annähen mit Stecknadeln. Achte darauf, dass sie symmetrisch zueinander sind und das Schweinchen gut stehen kann.

OHREN (2 X IN APRIKOSE)

Häkle in R. 5 Lm anschl, ab der 2. Lm von der Nd aus häkeln. Die Wende-Lm am Ende der R wird nicht mitgezählt.

1.–2. R: 4 fM, 1 Lm, wenden.
3. R: 2 x 1 M abn. [2]
4. R: 1 M abn. [1]

Faden lang abschneiden und die Ohren damit an der 9. Rd über den Augen annähen.

SCHWÄNZCHEN (IN APRIKOSE)

Häkle in R. 5 Lm anschl, ab der 2. Lm von der Nd aus häkeln.

1. R: 3 fM je Lm häkeln. [12]

Faden lang abschneiden und damit das Schwänzchen am Hinterteil an der 22. Rd festnähen.

SCHLEIFE (IN SCAMPI)

Häkle 80 Lm. Ziehe die erste und letzte M fest zusammen. Faden kurz abschneiden. Die Lm-Kette um den Körper des Schweinchen zur Schleife zusammenbinden.

KLEEBLATT (IN RESEDA)

Bilde einen Fadenring. Häkle *2 Lm, 3 Stb, 2 Lm und 1 Km in den Ring* (= Blatt). Von * bis * noch 3 x wdh (= 4 Blätter). Nicht abketten. 11 Lm anschl, ab der 2 Lm von der Nd aus 10 fM häkeln. Mit 1 Km in den Fadenring enden. Fadenring fest zusammenziehen. Das fertige Kleeblatt unter die Schleife schieben.

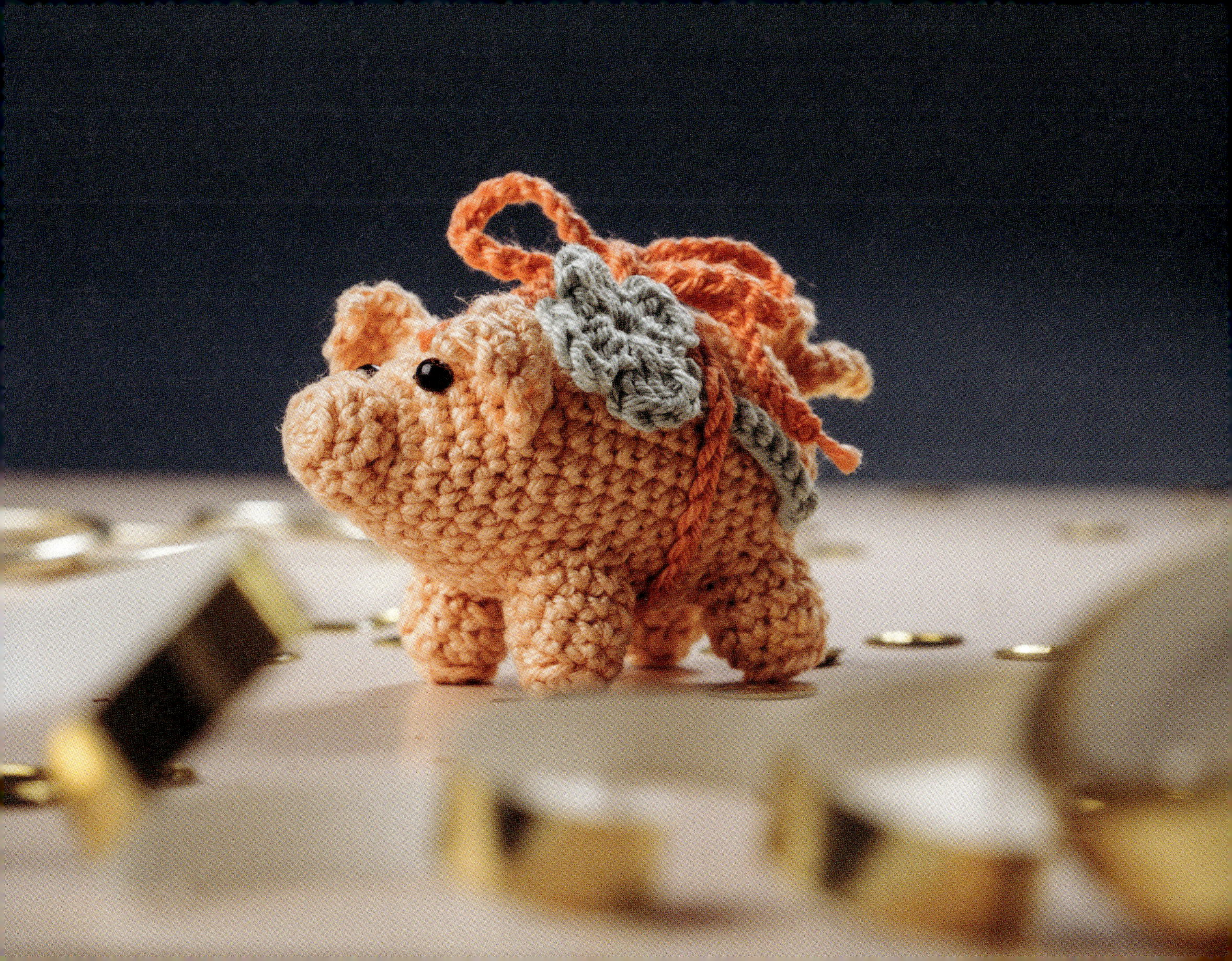

Stressball zum Kneten

Schwierigkeitsgrad: leicht
Größe: Ø ca. 7 cm

Wenn der Stress deinen Körper durchflutet, den Nacken verspannt, die Kiefernmuskeln mahlen lässt und den Blutdruck in die Höhe treibt, dann lass es alles raus! Am besten an diesem hübschen Stressball. Genau wie du kann er eine feste Umarmung vertragen.

MATERIAL

- Schachenmayr Catania (100 % Baumwolle, LL 125 m/50 g) in:
  - Kachelblau (Fb 380), Rest;
  - Scampi (Fb 427), Rest;
  - Graublau (Fb 269), Rest;
  - Aprikose (Fb 401), Rest;
  - Reseda (Fb 402), Rest;
  - Gold (Fb 249), Rest
- Häkelnadel 2,5 mm
- Reis, ca. 100 g pro Ball
- 2 Luftballons pro Ball
- Stopfnadel zum Vernähen

HINWEIS

Je nach individueller Fadenspannung kann der gehäkelte Ball größer oder kleiner ausfallen. Prüfe zwischendurch, ob der gefüllte Ballon gut passt. Wähle im Zweifel eine größere (3,0) bzw. kleinere (2,0) Nadelstärke.

SO GEHT'S

BALLON FÜLLEN

Fülle einen Luftballon mit Reis. Blase den Ballon dazu vorher vollständig auf und lasse die Luft anschließend wieder heraus. Verwende zum Füllen einen kleinen Trichter oder eine aufgeschnittene PET-Flasche. Ziehe das Mundstück des Ballons über den Flaschenhals/ Trichter und fülle den Reis durch das Loch ein.

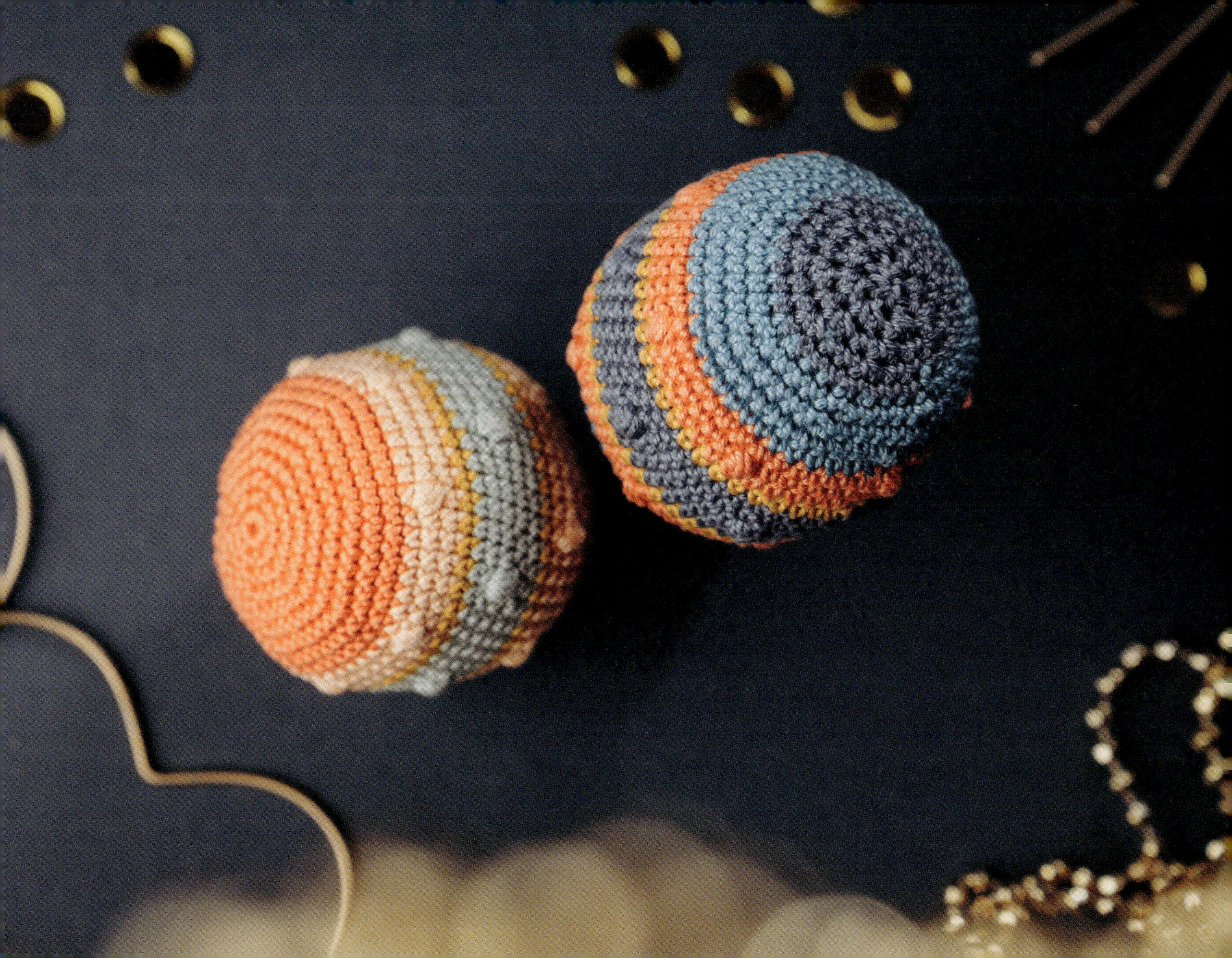

Ist der Ballon so gefüllt, dass er einen Durchmesser von ca. 7 cm erreicht hat, schneide das Mundstück ab. Schneide das Mundstück des zweiten Ballons ebenfalls ab und ziehe ihn von oben über den befüllten Ballon. Knete den fertigen Ball ein paar Mal, damit sich die Ballons etwas mehr dehnen.

BALL HÄKELN (IN SCAMPI, APRIKOSE, GOLD UND RESEDA)

Häkle in Spiral-Rd. Beginne mit Scampi.
1. Rd: 7 fM in einen Fadenring häkeln.
2. Rd: 7 x 1 M zun. [14]
3. Rd: *1 fM, 1 M zun*, von * bis * noch 6 x wdh. [21]
4. Rd: *2 fM, 1 M zun*, von * bis * noch 6 x wdh. [28]
5. Rd: *3 fM, 1 M zun*, von * bis * noch 6 x wdh. [35]
6. Rd: *4 fM, 1 M zun*, von * bis * noch 6 x wdh. [42]
7. Rd: *5 fM, 1 M zun*, von * bis * noch 6 x wdh. [49]
8.–9. Rd: 49 fM häkeln.
Fb-Wechsel zu Aprikose.
10. Rd: 49 fM häkeln.
11. Rd: *6 fM, 1 N aus 3 hStb*, von * bis * noch 6 x wdh. [49]
12. Rd: 49 fM häkeln.
Fb-Wechsel zu Gold.
13. Rd: 49 fM häkeln.
Fb-Wechsel zu Reseda.
14.–15. Rd: 49 fM häkeln.
16. Rd: 3 fM, 1 N aus 4 hStb, *6 fM, 1 N aus 4 hStb*, von * bis * noch 5 x wdh, 3 fM. [49]
17.–18. Rd: 49 fM häkeln.
Fb-Wechsel zu Gold.
19. Rd: 49 fM häkeln.
Fb-Wechsel zu Aprikose.
20. Rd: 49 fM häkeln.
21. Rd: *6 fM, 1 N aus 3 hStb*, von * bis * noch 6 x wdh. [49]
22. Rd: 49 fM häkeln.
Fb-Wechsel zu Scampi.
23.–24. Rd: 49 fM häkeln.
Jetzt den Ball einsetzen.
25. Rd: *5 fM, 1 M abn*, von * bis * noch 6 x wdh. [42]
26. Rd: *4 fM, 1 M abn*, von * bis * noch 6 x wdh. [35]
27. Rd: *3 fM, 1 M abn*, von * bis * noch 6 x wdh. [28]
28. Rd: *2 fM, 1 M abn*, von * bis * noch 6 x wdh. [21]
29. Rd: *1 fM, 1 M abn*, von * bis * noch 6 x wdh. [14]
30. Rd: 7 x 1 M abn. [7]
Den Faden lang abschneiden, durch die vorderen M-Glieder der letzten Rd fädeln, festziehen und vernähen.

FARBWECHSEL

Für den 2. Stressball wechsle die Farben wie folgt:
1.–5. Rd: In Graublau häkeln.

6.–9. Rd: In Kachelblau häkeln.
10.–12. Rd: In Scampi häkeln.
13. Rd: In Gold häkeln.
14.–18. Rd: In Graublau häkeln.
19. Rd: In Gold häkeln.
20.–22. Rd: In Scampi häkeln.
23.–26. Rd: In Kachelblau häkeln.
27.–30. Rd: In Graublau häkeln.

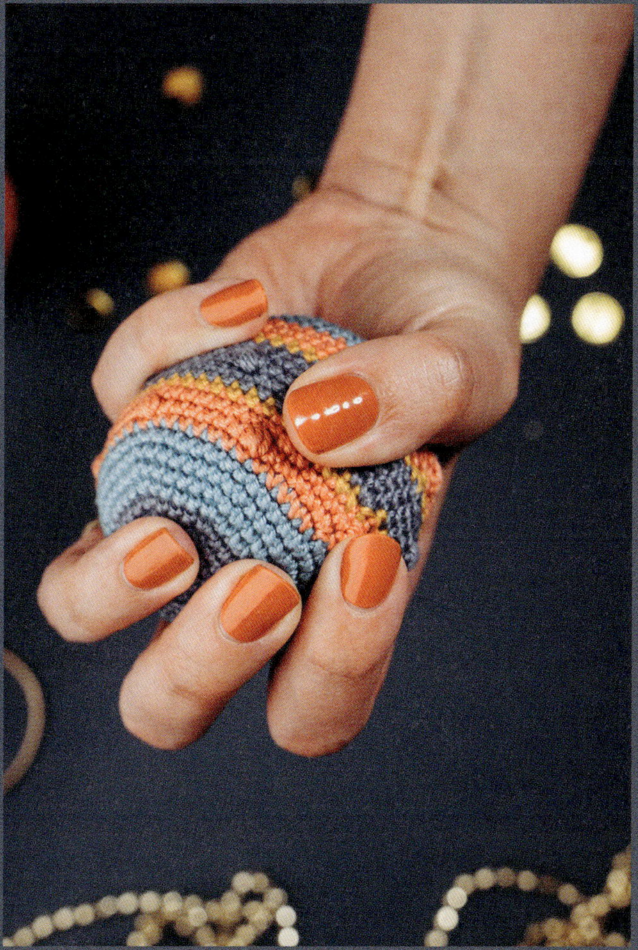

Buttons

Keine Lust auf viele Worte, aber ganz viel Lust, in Ruhe gelassen zu werden? Dann sind diese Buttons die perfekten Helferlein für nonverbale Kommunikation. Die schreiben nämlich »Verpiss dich« und »Lass mich in Ruhe« ohne lange Reden – wie praktisch!

Stinkefinger-Button

Schwierigkeitsgrad: mittel
Größe: ca. 7 x 5 cm

MATERIAL

- Schachenmayr Catania (100 % Baumwolle, LL 125 m/50 g) in:
  - Aprikose (Fb 401), 25 g
- Häkelnadel 2,5 mm
- Schmuckstein Ø 5 mm
- Broschennadel ca. 2 cm
- Schmucksteinkleber
- Stopfnadel zum Vernähen

SO GEHT'S

ZEIGE- UND RINGFINGER (2 X IN APRIKOSE)

Häkle in Spiral-Rd.
1. Rd: 6 fM in einen Fadenring häkeln.
2.–5. Rd: 6 fM häkeln.
Faden abscheiden und vernähen.

MITTELFINGER (IN APRIKOSE)

Häkle in Spiral-Rd.
1. Rd: 6 fM in einen Fadenring häkeln.
2.–7. Rd: 6 fM häkeln.
Faden abscheiden und vernähen.

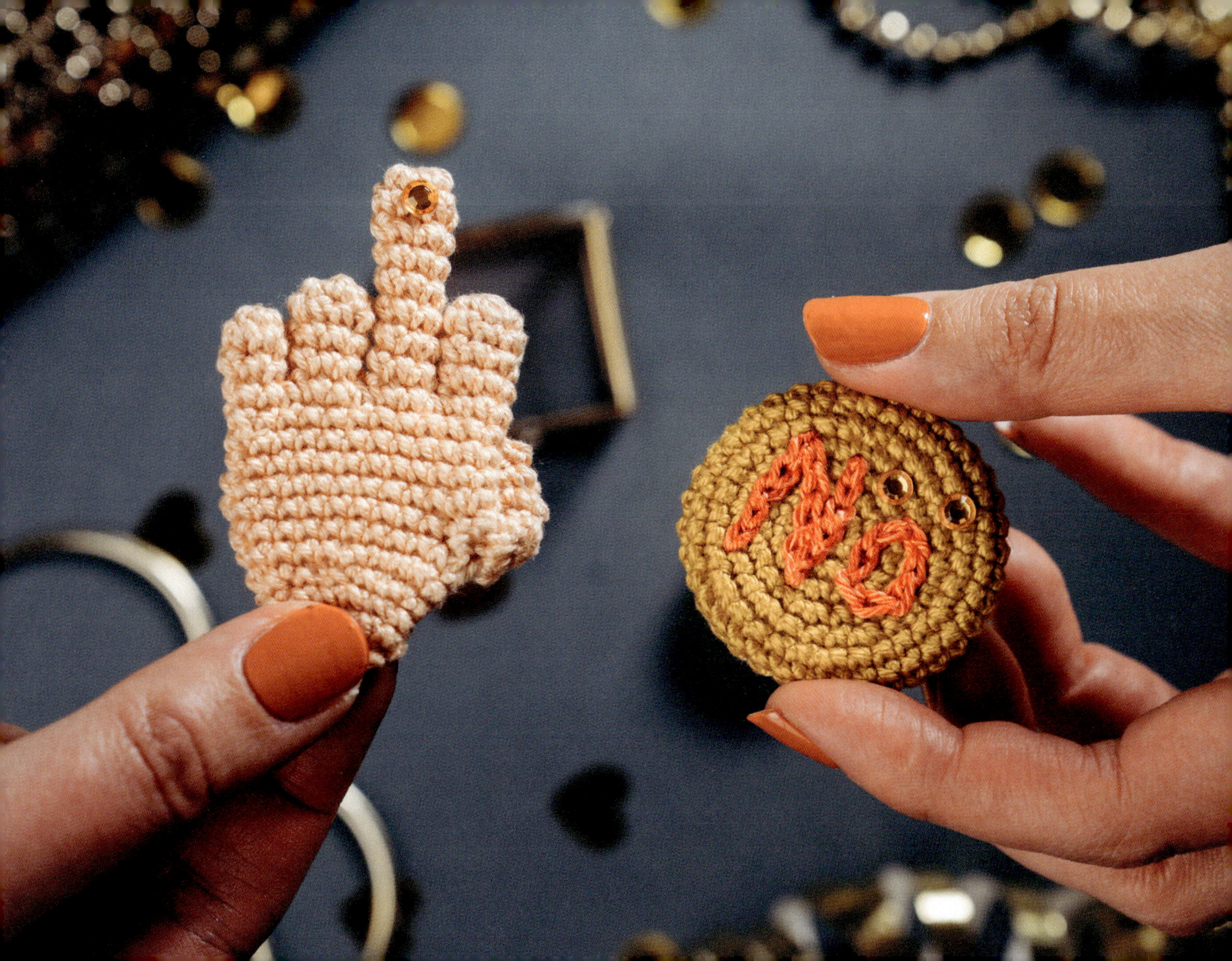
No

KLEINER FINGER (IN APRIKOSE)

Häkle in Spiral-Rd.

1. Rd: 5 fM in einen Fadenring häkeln.

2.–4. Rd: 5 fM häkeln.

Nicht abketten, es geht gleich mit der Verbindung weiter.

VERBINDUNG

Mit der Nadel in eine M des Ringfingers einstechen, 3 fM häkeln, in den Mittelfinger einstechen, 3 fM häkeln, in den Zeigefinger einstechen, 3 fM häkeln. So alle 4 Finger miteinander verbinden. Nicht abketten. Die Arbeit wenden und 11 fM entlang der Rückseite der Finger häkeln (3 fM in Zeige-, Mittel- und Ringfinger, 2 fM in die restlichen M des kleinen Fingers) [23]. Die restlichen Maschen des kleinen Fingers bleiben frei. Hier endet die 1. Rd der Hand. Nicht abketten. MM setzen. Weiter mit der Hand.

HAND (IN APRIKOSE)

Häkle in Spiral-Rd.

2.–4. Rd: 23 fM häkeln.

5. Rd: 11 fM, 3 Lm, 3 M überspringen (= Daumenloch), 9 fM. [23]

6. Rd: 1 M abn, 9 fM, 2 Lm abn, 10 fM. [21]

7. Rd: *5 fM, 1 M abn*, von * bis * noch 2 x wdh. [18]

8. Rd: *1 fM, 1 M abn*, von * bis * noch 5 x wdh. [12]

9.–10. Rd: 12 fM häkeln.

Faden lang abschneiden und damit die untere Kante der Hand zunähen.

DAUMEN (IN APRIKOSE)

Häkle in Spiral-Rd. Schlinge in einer M des Daumenlochs mit 1 stehenden fM (zählt als 1. M der 1. Rd) an. Häkle wie folgt:

1. Rd: 6 fM um die Öffnung häkeln.

2.–5. Rd: 6 fM häkeln.

Den Faden lang abschneiden, durch die vorderen M-Glieder der letzten Rd fädeln, festziehen und vernähen. Den Daumen auf der Hälfte umknicken und auf der Rückseite mit ein paar Stichen fixieren.

FERTIGSTELLEN

Auf die Spitze des Mittelfingers einen Schmuckstein aufkleben. An der Rückseite die Broschennadel annähen oder aufkleben.

Runder Button

Schwierigkeitsgrad: leicht
Größe: Ø ca. 6 cm

MATERIAL

- Schachenmayr Catania (100 % Baumwolle, LL 125 m/50 g) in:
  - Gold (Fb 401), 20 g;
  - Scampi (Fb 427), Rest
- Häkelnadel 2,5 mm,
- 2 Schmucksteine Ø 5 mm,
- Broschennadel ca. 2 cm
- Schmucksteinkleber
- Stopfnadel zum Vernähen

SO GEHT'S

BUTTON (IN GOLD)

Häkle in Spiral-Rd.

1. Rd: 6 fM in einen Fadenring häkeln.
2. Rd: 6 x 1 M zun. [12]
3. Rd: *1 fM, 1 M zun*, von * bis * noch 5 x wdh. [18]
4. Rd: *2 fM, 1 M zun*, von * bis * noch 5 x wdh. [24]
5. Rd: *3 fM, 1 M zun*, von * bis * noch 5 x wdh. [30]
6. Rd: *4 fM, 1 M zun*, von * bis * noch 5 x wdh. [36]

7.–9. Rd: 36 fM häkeln.

10. Rd: *4 fM, 1 M abn*, von * bis * noch 5 x wdh. [30]

Nicht abketten. Mit einem Kettstich »NO« aufsticken.

TIPP

Zeichne die Buchstaben mit einem Bleichstift leicht vor. Das erleichtert das Aufsticken.

11. Rd: *3 fM, 1 M abn*, von * bis * noch 5 x wdh. [24]
12. Rd: *2 fM, 1 M abn*, von * bis * noch 5 x wdh. [18]
13. Rd: *1 fM, 1 M abn*, von * bis * noch 5 x wdh. [12]

Den Faden lang abschneiden, durch die vorderen M-Glieder der letzten Rd fädeln, festziehen und vernähen. Über dem O zwei Schmucksteine als Ö-Punkte aufkleben. An der Rückseite die Broschennadel annähen oder aufkleben.

Voodoo-Puppe

Schwierigkeitsgrad: mittel
Größe: ca. 13 cm

Diese kleine Voodoo-Puppe ist ein dienliches Nadelkissen und ermöglicht es dir nebenbei auch noch, ein bisschen wohlverdiente Rache zu üben. Na, wenn das nicht praktisch ist, weiß ich es auch nicht.

MATERIAL

- Schachenmayr Catania (100 % Baumwolle, LL 125 m/50 g) in:
  - Reseda (Fb 402), ca. 30 g;
  - Graublau (Fb 269), ca. 10 g;
  - Gold (Fb 401), Rest;
  - Scampi (Fb 427), Rest
- Häkelnadel 2,5 mm
- 1 Hemdknopf Ø 9 mm
- Füllwatte
- Stopfnadel zum Vernähen

SO GEHT'S

BEINE (2X IN GRAUBLAU UND RESEDA)

Häkle in Spiral-Rd. Beginne mit Graublau.
Die Beine fortlaufend mit Füllwatte ausstopfen.

1. Rd: 7 fM in einen Fadenring häkeln.
2. Rd: *1 fM, 1 M zun*, von * bis * noch 2 x wdh, 1 fM. [10]
3.–14. Rd: 10 fM.

Das erste Bein abketten, den Faden vernähen.
Das zweite Bein in Reseda häkeln und nicht abketten, es geht gleich mit der Verbindung weiter.

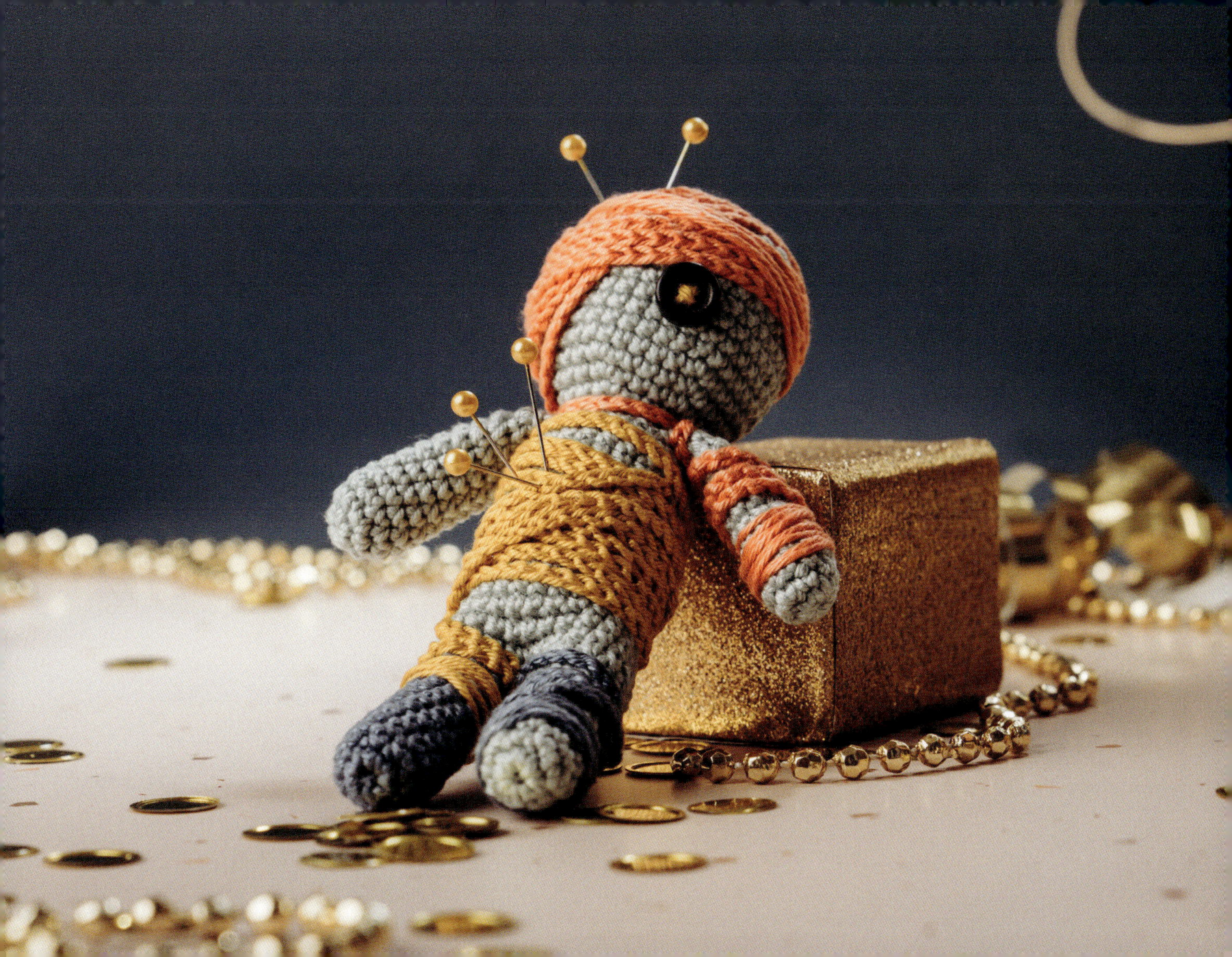

VERBINDUNG DER BEINE

Häkle 2 Lm, stich in das erste Bein ein und arbeite wie folgt weiter:
10 fM um das erste Bein, 2 fM in die Lm, 10 fM um das zweite Bein, 2 fM in die Lm. [24]. Nicht abketten. Weiter mit dem Rumpf.

RUMPF UND KOPF (IN RESEDA)

Den Rumpf fortlaufend mit Füllwatte ausstopfen.
1.–12. Rd: 24 fM häkeln.
13. Rd: *4 fM, 1 M abn*, von * bis * noch 3x wdh. [20]
14. Rd: *3 fM, 1 M abn*, von * bis * noch 3x wdh. [16]
15. Rd: *2 fM, 1 M abn*, von * bis * noch 3x wdh. [12]
Ab hier beginnt der Kopf.
16. Rd: *1 fM, 1 M zun*, von * bis * noch 5x wdh. [18]
17. Rd: *2 fM, 1 M zun*, von * bis * noch 5x wdh. [24]
18. Rd: *3 fM, 1 M zun*, von * bis * noch 5x wdh. [30]
19. Rd: *4 fM, 1 M zun*, von * bis * noch 5x wdh. [36]
20.–27. Rd: 36 fM häkeln.
28. Rd: *4 fM, 1 M abn*, von * bis * noch 5x wdh. [30]
29. Rd: *3 fM, 1 M abn*, von * bis * noch 5x wdh. [24]
30. Rd: *2 fM, 1 M abn*, von * bis * noch 5x wdh. [18]
31. Rd: *1 fM, 1 M abn*, von * bis * noch 5x wdh. [12]
Den Faden lang abschneiden, durch die vorderen M-Glieder der letzten Rd fädeln, festziehen und vernähen. Den Knopf zwischen der 22. und 24. Rd an den Kopf nähen.

ARME (2X IN RESEDA)

Häkle in Spiral-Rd. Den Arm nur bis zu 6. Rd mit Füllwatte ausstopfen.
1. Rd: 7 fM in einen Fadenring häkeln.
2. Rd: *1 fM, 1 M zun*, von * bis * noch 2x wdh, 1 fM. [10]
3.–12. Rd: 10 fM häkeln.
Die M der 12. Rd zusammendrücken und mit 4 fM zusammenhäkeln. Faden lang abschneiden und damit die Arme auf Höhe der 15. Rd an den Körper nähen.

LM-KETTEN FÜR DEN KOPF (2X IN SCAMPI)

Lasse den Faden am Anfang lang. 200 Lm anschl. Faden lang abschneiden. Die letzte Lm festziehen. Für die 2. Kette 120 Lm anschl. Faden ebenfalls lang abschneiden. Die lange Lm-Kette um den Kopf wickeln. Die kürzere Kette schräg darüberwickeln. Die Enden verknoten und mit ein paar Stichen fixieren.

LM-KETTE FÜR DEN RUMPF (IN GOLD)

Lasse den Faden am Anfang lang. 300 Lm anschl. Faden lang abschneiden. Die letzte Lm festziehen. Die Lm-Kette um den Rumpf wickeln. Die Enden verknoten und mit ein paar Stichen fixieren.

LM-KETTE FÜR DAS BEIN (IN GRAUBLAU)

Lasse den Faden am Anfang lang. 60 Lm anschl. Faden lang abschneiden. Die letzte Lm festziehen. Die Lm-Kette um das Bein wickeln. Die Enden verknoten und mit ein paar Stichen fixieren.

LM-KETTE FÜR DEN ARM (IN SCAMPI)

Lasse den Faden am Anfang lang. 50 Lm anschl. Faden lang abschneiden. Die letzte Lm festziehen. Die Lm-Kette um den Arm wickeln. Die Enden verknoten und mit ein paar Stichen fixieren.

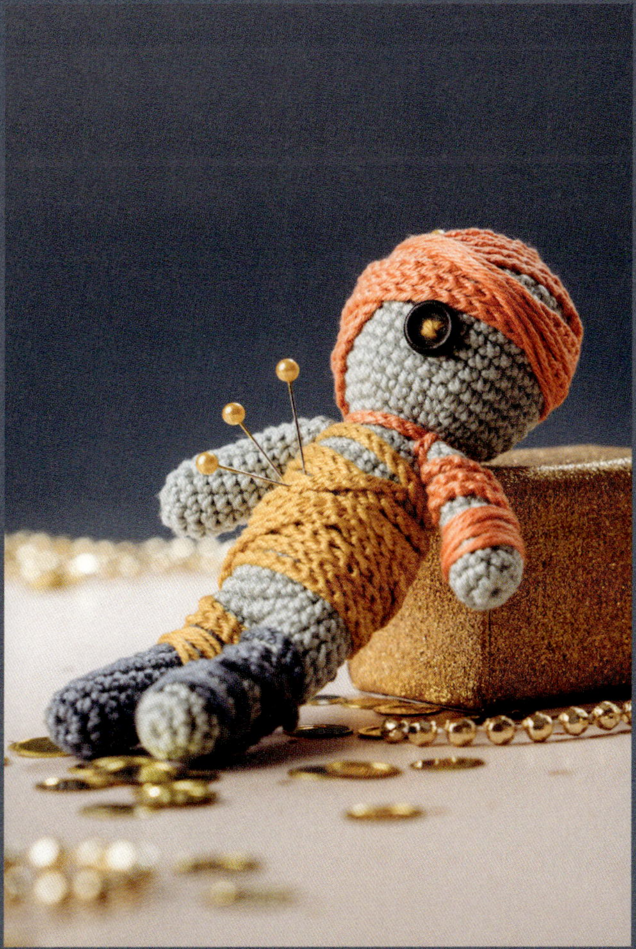

Taschentüchertasche

Schwierigkeitsgrad: leicht
Größe: ca. 13 x 12 cm

Weinen ist gesund! Egal ob aus Frust, Wut oder Trauer – alle Gefühle haben einen Platz. Lass sie raus, die Tränen, wenn sie kommen. Um Rotz und Wasser kümmern sich die Taschentücher.

MATERIAL

- Schachenmayr Catania (100 % Baumwolle, LL 125 m/50 g) in:
  - Reseda (Fb 402) oder Gold (Fb 249), ca. 50 g
- Häkelnadel 2,5 mm
- Textilgummi ca. 17 cm
- Stecknadeln
- Stopfnadel zum Vernähen

SO GEHT'S

TASCHENTÜCHERTASCHE (IN RESEDA ODER GOLD)

Häkle in R. 64 Lm anschl, ab der 2. Lm von der Nd aus häkeln. Die Wende-Lm am Ende der R wird nicht mitgezählt.

1.–36. R: 63 fM, 1 Lm, wenden.
37. R: 63 fM häkeln.
Faden abschneiden und vernähen.

DIE SEITENTEILE ZUSAMMENNÄHEN

Lege das fertige Häkelstück so vor dich hin, dass die kurzen Seiten außen liegen. Falte nun die kurzen Kanten beider Außenseiten 5 cm (13 M) zur Mitte hin. Fixiere jeweils die obere und untere Kante mit Stecknadeln. Jetzt die Verzierung aufbringen. Ich habe die Taschentüchertasche hier mit aufgesetzten Km behäkelt und mit Schmucksteinen beklebt. Zeichne die Buchstaben und Formen mit einem Bleichstift leicht vor. Das erleichtert das Aufhäkeln. Verbinde jetzt die Kanten, indem du fM von der rechten zur linken oberen Ecke häkelst. Fasse die Seiten dabei mit ein. An der unteren Kante wdh.

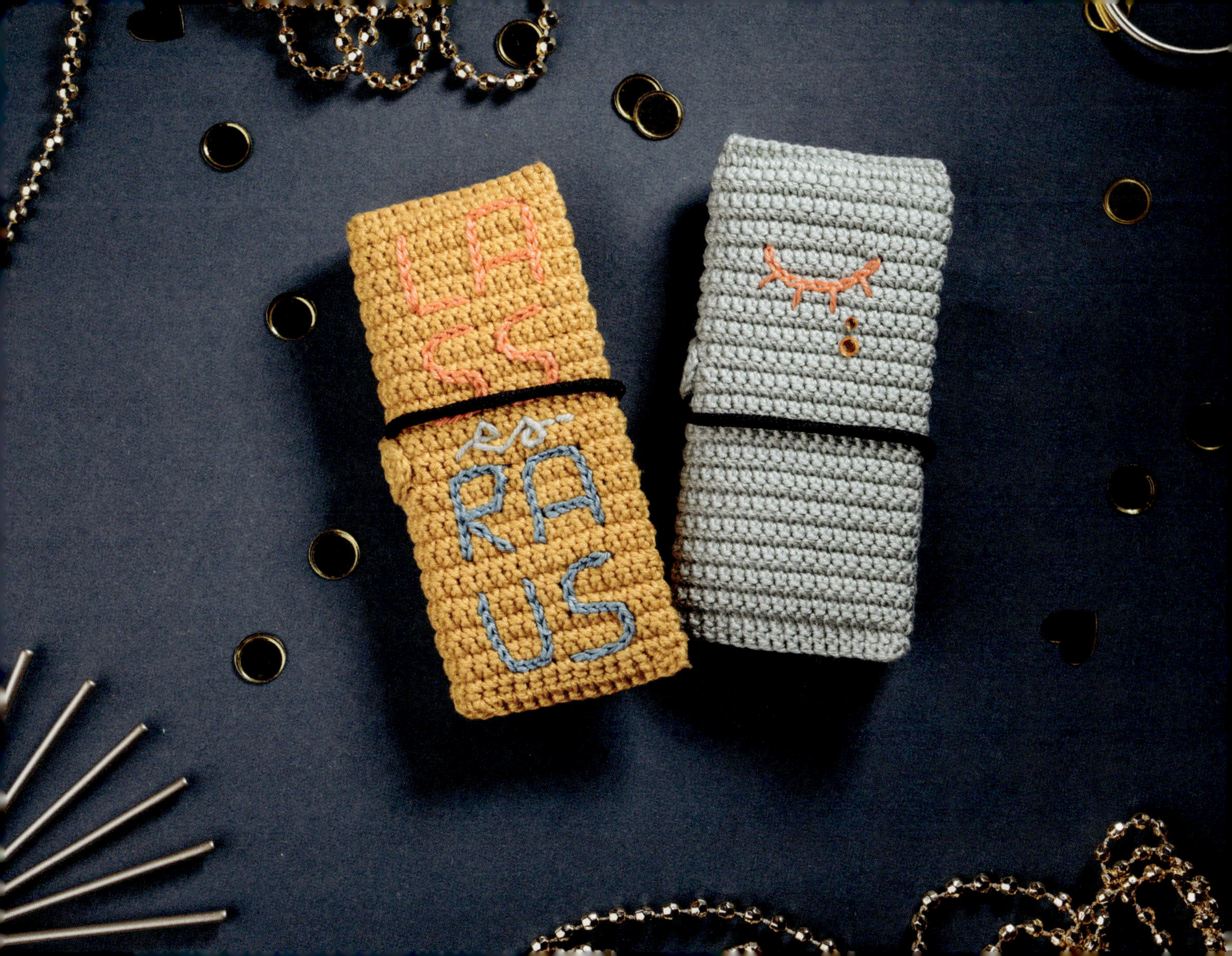
LASS
RAUS

GUMMISTOPPER (IN RESEDA)

Häkle in Spiral-Rd.

1. Rd: 7 fM in einen Fadenring häkeln.

2. Rd: 7 x 1 M zun. [14]

Faden lang abschneiden. Die Runde unsichtbar abschließen.

FERTIGSTELLEN

Das Gummiband zu einer Schlaufe legen und genau mittig auf der Rückseite der Taschentüchertasche mit ein paar Stichen fixieren. Den Gummistopper auf die Nahtstelle legen und festnähen.

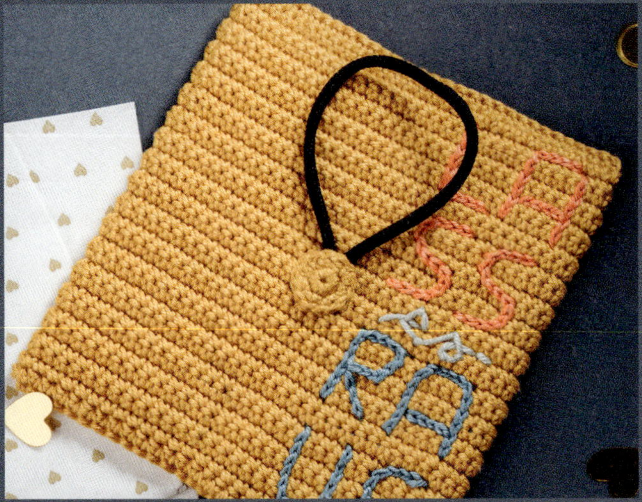

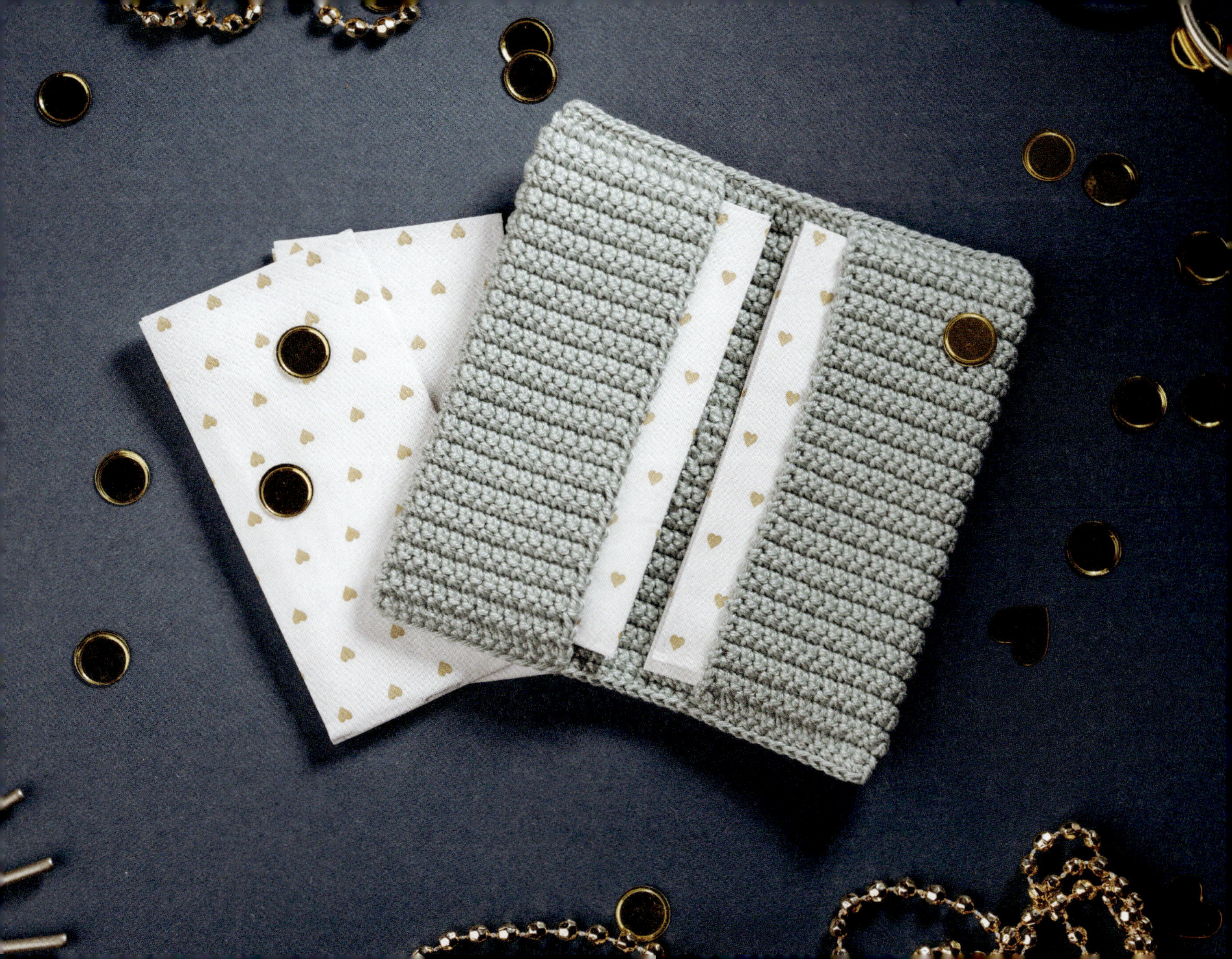

Goldiges Gemüse

Ihr kennt sicher die Positive Potatoe. Aber wusstet ihr, dass die freundliche Kartoffel noch drei Kumpel hat?

Trotzige Tomate

Schwierigkeitsgrad: mittel
Größe: 5 x 5 cm

MATERIAL

- Schachenmayr Catania (100 % Baumwolle, LL 125 m/50 g) in:
    - Scampi (Fb 427), ca. 20 g;
    - Reseda (Fb 402), ca. 15 g;
    - Aprikose (Fb 401), Rest
- Weißes und schwarzes Filetgarn
- Häkelnadel 2,5 mm
- 2 Sicherheitsaugen Ø 4 mm
- Tonpapier
- Füllwatte
- Stopfnadel zum Vernähen

SO GEHT`S

TOMATE (IN SCAMPI)

Häkle in Spiral-Rd.

1. Rd: 7 fM in einen Fadenring häkeln.
2. Rd: 7 x 1 M zun. [14]
3. Rd: *1 fM, 1 M zun*, von * bis * noch 6 x wdh. [21]
4. Rd: *2 fM, 1 M zun*, von * bis * noch 6 x wdh. [28]
5. Rd: *3 fM, 1 M zun*, von * bis * noch 6 x wdh. [35]
6. Rd: 35 fM häkeln.

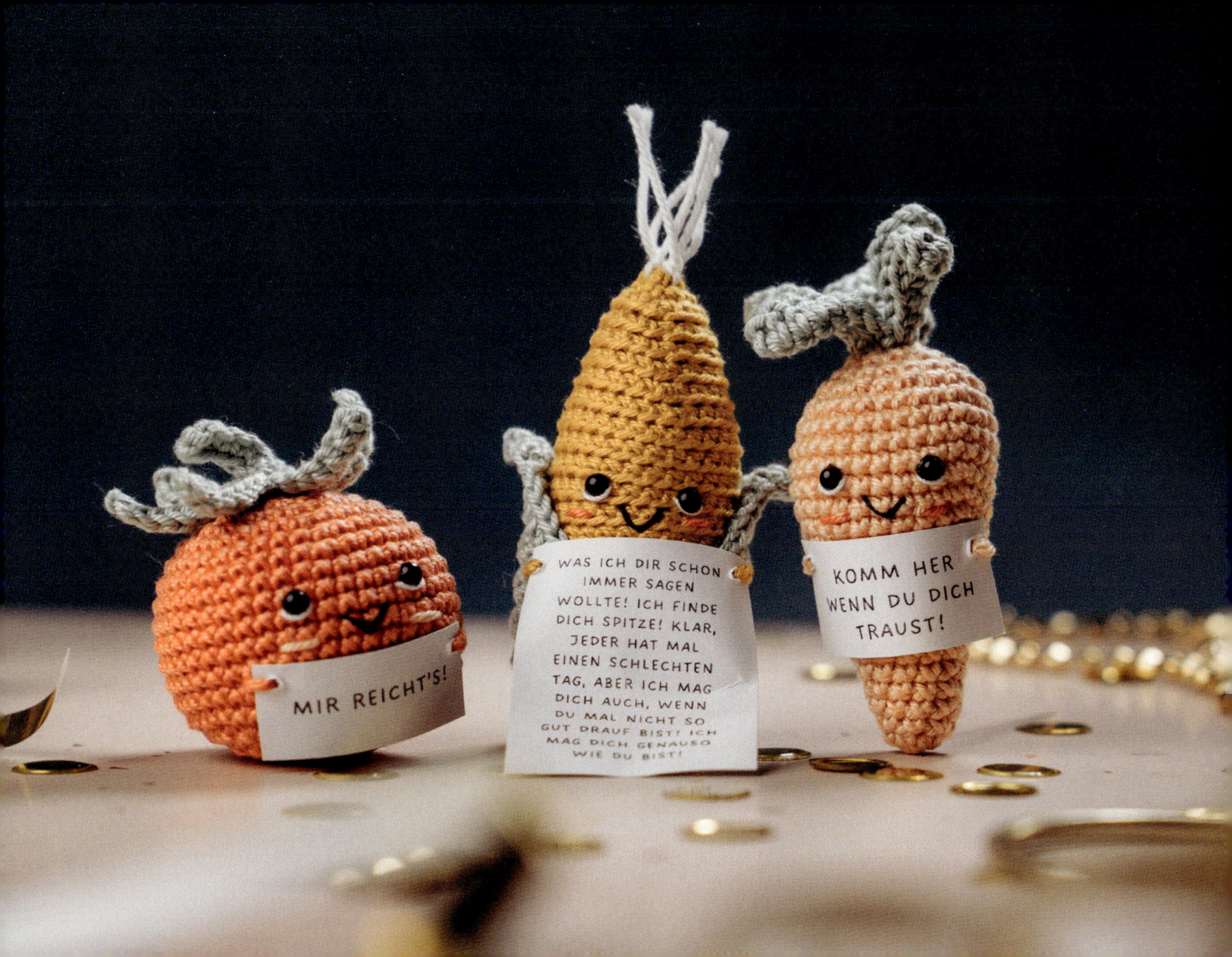
MIR REICHT'S!
WAS ICH DIR SCHON IMMER SAGEN WOLLTE! ICH FINDE DICH SPITZE! KLAR, JEDER HAT MAL EINEN SCHLECHTEN TAG, ABER ICH MAG DICH AUCH, WENN DU MAL NICHT SO GUT DRAUF BIST! ICH MAG DICH GENAUSO WIE DU BIST!
KOMM HER WENN DU DICH TRAUST!

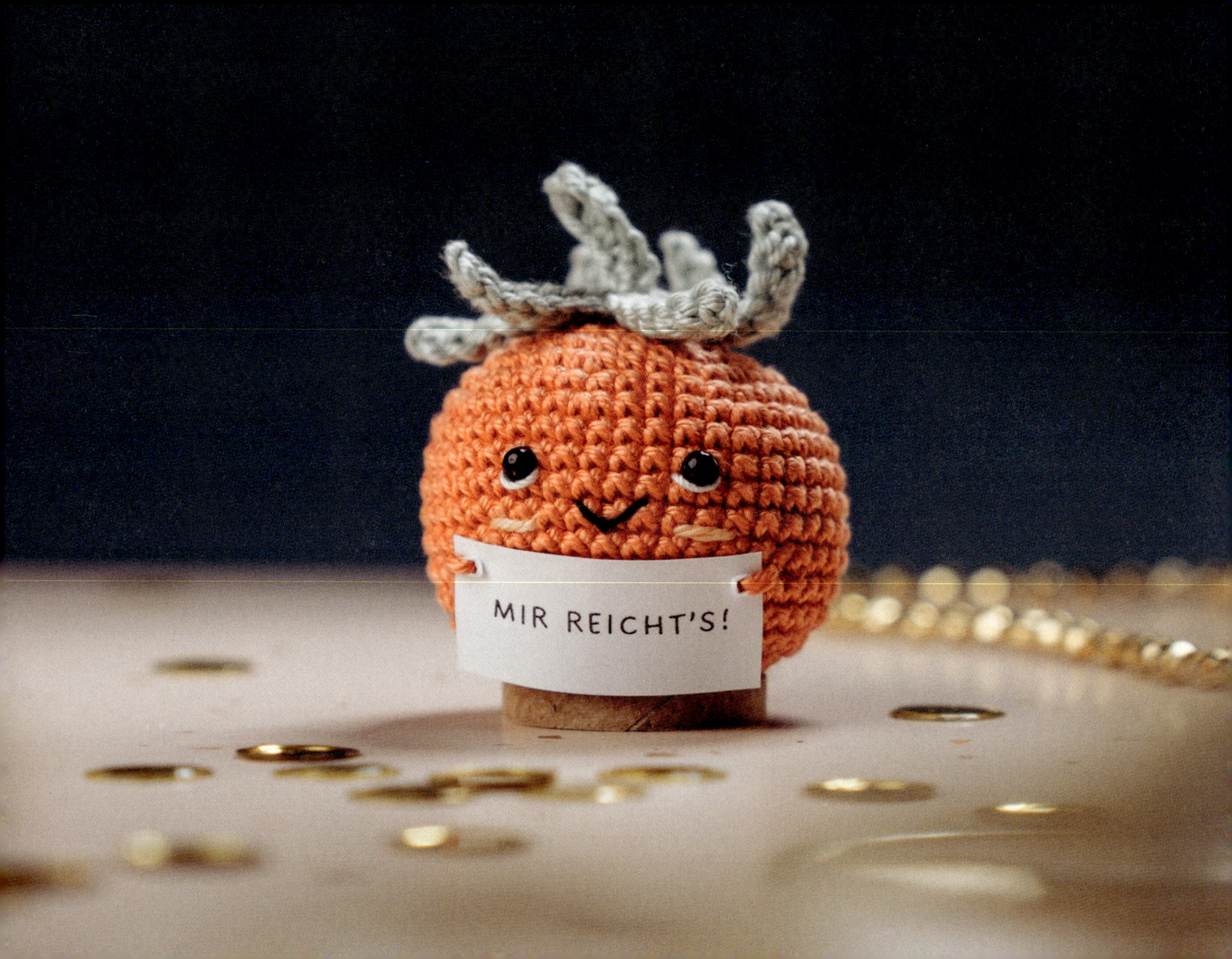
MIR REICHT'S!

7. Rd: *4 fM, 1 M zun*, von * bis * noch 6 x wdh. [42]
8.–14. Rd: 42 fM häkeln.
Die Sicherheitsaugen zwischen der 9. und 10. Rd mit 6 M Abstand befestigen. Mit weißem Filetgarn das Augenweiß direkt unter den Augen aufsticken. Sticke mit Aprikose zwei Spannstiche als Bäckchen 1 Rd unter den Augen auf. Mit schwarzem Filetgarn einen kleinen Mund mittig zwischen den Augen aufsticken.
15. Rd: *4 fM, 1 M abn*, von * bis * noch 6 x wdh. [35]
Beginne, die Tomate auszustopfen.
16. Rd: *3 fM, 1 M abn*, von * bis * noch 6 x wdh. [28]
17. Rd: *2 fM, 1 M abn*, von * bis * noch 6 x wdh. [21]
18. Rd: *1 fM, 1 M abn*, von * bis * noch 6 x wdh. [14]
19. Rd: 7 x 1 M abn. [7]
Den Faden lang abschneiden, durch die vorderen M-Glieder der letzten Rd fädeln, festziehen und vernähen.

GRÜNZEUG

BLÄTTER (IN RESEDA)

Häkle in R. 8 Lm anschl, ab der 2. Lm von der Nd aus häkeln.
1. R: *3 fM, 4 hStb*. [7]
Nicht abketten, sondern 8 Lm anschl und von * bis * wdh. So insgesamt 6 verbundene Blätter häkeln. Mit 1 Km in die 1. Lm der Anfangs-Lm-Kette des 1. Blatts enden. Faden lang abschneiden, durch alle Enden der Blätter ziehen und fest zuziehen. So die Lücke zwischen den Blättern schließen. Faden abschneiden und vernähen.

STIEL (IN RESEDA)

Häkle in R. Lasse einen langen Anfangsfaden stehen. 6 Lm anschl, ab der 2. Lm von der Nd aus häkeln.
1. R: 2 hStb, 3 fM. [5]
Faden lang abschneiden und damit den Stiel mittig auf die Blätter nähen. Das fertige Grünzeug mittig oben auf die Tomate nähen.

FERTIGSTELLEN

Schneide ein Schild aus Tonpapier mit einer Breite von ca. 3 cm zurecht. Die Länge kannst du an die jeweilige Botschaft anpassen, die du deinem Gemüse mit auf den Weg geben willst. Das Schild mittig vor der Tomate annähen. Nutze zum Annähen einen Wollfaden in Scampi.

Mitteilsamer Mais

Schwierigkeitsgrad: mittel
Größe: 8 x 5 cm

MATERIAL

- Schachenmayr Catania (100 % Baumwolle, LL 125 m/50 g) in:
  - Gold (Fb 249), ca. 20 g;
  - Reseda (Fb 402), ca. 15 g;
  - Aprikose (Fb 401), Rest;
  - Weiß (Fb 106), Rest
- Weißes und schwarzes Filetgarn
- Häkelnadel 2,5 mm
- 2 Sicherheitsaugen Ø 4 mm
- Tonpapier
- Füllwatte
- Stopfnadel zum Vernähen

SO GEHT'S

MAISKOLBEN (IN GOLD)

Häkle in Spiral-Rd.

1. Rd: 6 fM in einen Fadenring häkeln (= Unterseite des Maiskolben).

2. Rd: *1 fM, 1 M zun*, von * bis * noch 2 x wdh. [9]

3. Rd: *2 fM, 1 M zun*, von * bis * noch 2 x wdh. [12]

4. Rd: Alles ihM, *3 fM, 1 M zun*, von * bis * noch 2 x wdh. [15]

5. Rd: Alles ihM, *4 fM, 1 M zun*, von * bis * noch 2 x wdh. [18]

6. Rd: Alles ihM, *5 fM, 1 M zun*, von * bis * noch 2 x wdh. [21]

7. Rd: Alles ihM, *6 fM, 1 M zun*, von * bis * noch 2 x wdh. [24]

8. Rd: Alles ihM, *7 fM, 1 M zun*, von * bis * noch 2 x wdh. [27]

9.–18. Rd: 27 fM ihM häkeln.

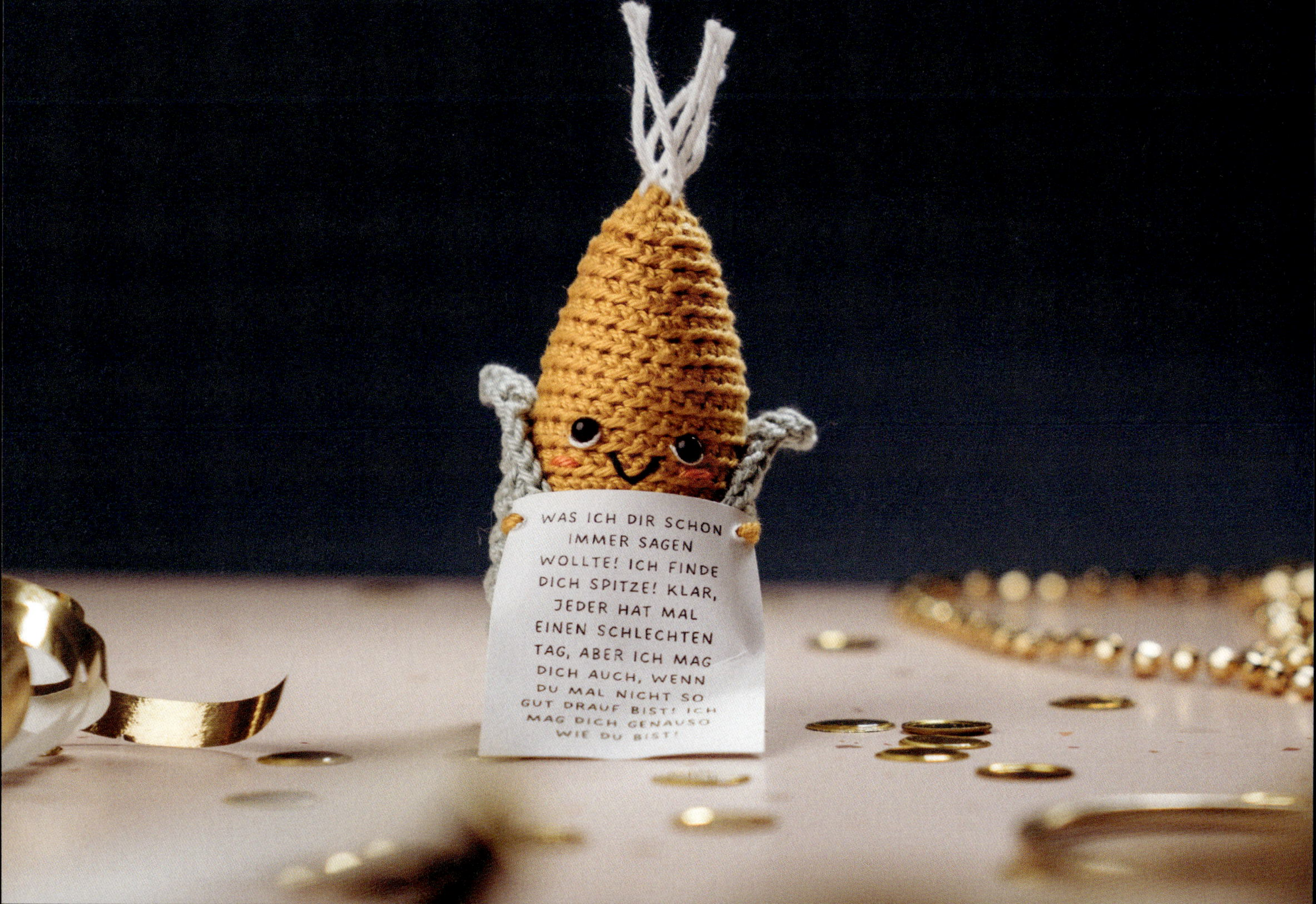
WAS ICH DIR SCHON
IMMER SAGEN
WOLLTE! ICH FINDE
DICH SPITZE! KLAR,
JEDER HAT MAL
EINEN SCHLECHTEN
TAG, ABER ICH MAG
DICH AUCH, WENN
DU MAL NICHT SO
GUT DRAUF BIST! ICH
MAG DICH GENAUSO
WIE DU BIST!

Die Sicherheitsaugen zwischen der 12. und 13. Rd mit 5 M Abstand befestigen. Mit weißem Filetgarn das Augenweiß direkt unter den Augen aufsticken. Sticke mit Scampi zwei Spannstiche als Bäckchen direkt unter den Augen auf. Mit schwarzem Filetgarn einen kleinen Mund mittig zwischen den Augen aufsticken. Beginne, den Mais auszustopfen.
19. Rd: Alles ihM, *7 fM, 1 M abn*, von * bis * noch 2x wdh. [24]
20. Rd: Alles ihM, *6 fM, 1 M abn*, von * bis * noch 2x wdh. [21]
21 Rd: *1 fM, 1 M abn*, von * bis * noch 6x wdh. [14]
22. Rd: 7x 1 M abn. [7]
Den Faden lang abschneiden, durch die vorderen M-Glieder der letzten Rd fädeln, festziehen und vernähen. Ein paar Fäden in Weiß an der Spitze anknüpfen (22. Rd).

MAISBLÄTTER (2X IN RESEDA)

Häkle in R. 2 Lm anschl, ab der 2. Lm von der Nd aus häkeln. Die Wende-Lm am Ende der R wird nicht mitgezählt.
1. R: 1 M zun. [2]
2. R: 1 M zun, 1 fM. [3]
3. R: 3 fM häkeln.
4. R: 1 M zun, 1 fM, 1 M zun. [5]
5. R: 1 M zun, 3 fM, 1 M zun. [7]
6. R: 7 fM häkeln.
7. R: 1 M zun, 5 fM, 1 M zun. [9]
8. R: 1 M zun, 7 fM, 1 M zun. [11]
9. R: 1 M zun, 9 fM, 1 M zun. [13]
10. R: 1 M zun, 11 fM, 1 M zun. [15]
11. R: 1 M zun, 13 fM, 1 M zun. [17]
12.–14. R: 17 fM häkeln.
15. R: 4 fM, 1 M abn, 5 fM, 1 M abn, 4 fM. [15]
16. R: 4 fM, 1 M abn, 3 fM, 1 M abn, 4 fM. [13]
17. R: *1 fM, 1 M abn*, von * bis * noch 3x wdh, 1 fM. [9]
Nicht abketten. Mit einer Rd fM umhäkeln. Dabei 2 fM in die Spitze häkeln (Anfangs-Lm). Die Runde unsichtbar beenden. Faden lang abschneiden und damit die Maisblätter überlappend rechts und links an den Maiskolben annähen.

FERTIGSTELLEN

Schneide ein Schild aus Tonpapier mit einer Breite von ca. 3 cm zurecht. Die Länge kannst du an die jeweilige Botschaft anpassen, die du deinem Gemüse mit auf den Weg geben willst. Das Schild mittig vor dem Mais annähen. Nutze zum Annähen einen Wollfaden in Gold.

Kampflustige Karotte

Schwierigkeitsgrad: mittel
Größe: 9 x 4 cm

MATERIAL

- Schachenmayr Catania (100 % Baumwolle, LL 125 m/50 g) in:
  - Aprikose (Fb 401), 20 g;
  - Reseda (Fb 402), ca. 15 g;
  - Scampi (Fb 427), Rest
- Weißes und schwarzes Filetgarn
- Häkelnadel 2,5 mm
- 2 Sicherheitsaugen Ø 4 mm
- Tonpapier
- Füllwatte
- Stopfnadel zum Vernähen

SO GEHT'S

KAROTTE (IN APRIKOSE)

Häkle in Spiral-Rd.

1. Rd: 6 fM in einen Fadenring häkeln.
2. Rd: *1 fM, 1 M zun*, von * bis * noch 2 x wdh. [9]
3. Rd: 9 fM häkeln.
4. Rd: *2 fM, 1 M zun*, von * bis * noch 2 x wdh. [12]
5. Rd: 12 fM häkeln.
6. Rd: *3 fM, 1 M zun*, von * bis * noch 2 x wdh. [15]
7. Rd: 15 fM häkeln.
8. Rd: *4 fM, 1 M zun*, von * bis * noch 2 x wdh. [18]
9. Rd: 18 fM häkeln.
10. Rd: *5 fM, 1 M zun*, von * bis * noch 2 x wdh. [21]
11. Rd: 21 fM häkeln.
12. Rd: *6 fM, 1 M zun*, von * bis * noch 2 x wdh. [24]
13. Rd: *7 fM, 1 M zun*, von * bis * noch 2 x wdh. [27]
14. Rd: *8 fM, 1 M zun*, von * bis * noch 2 x wdh. [30]
15. Rd: *9 fM, 1 M zun*, von * bis * noch 2 x wdh. [33]

16.–18. Rd: 33 fM häkeln.

19. Rd: *9 fM, 1 M abn*, von * bis * noch 2 x wdh. [30]
20. Rd: *8 fM, 1 M abn*, von * bis * noch 2 x wdh. [27]

Die Sicherheitsaugen zwischen der 17. und 18. Rd mit 4 M Abstand befestigen. Mit weißem Filetgarn das Augenweiß direkt unter den Augen aufsticken. Sticke mit Scampi zwei Spannstiche als Bäckchen 1 Rd unter den Augen auf. Mit schwarzem Filetgarn einen kleinen Mund

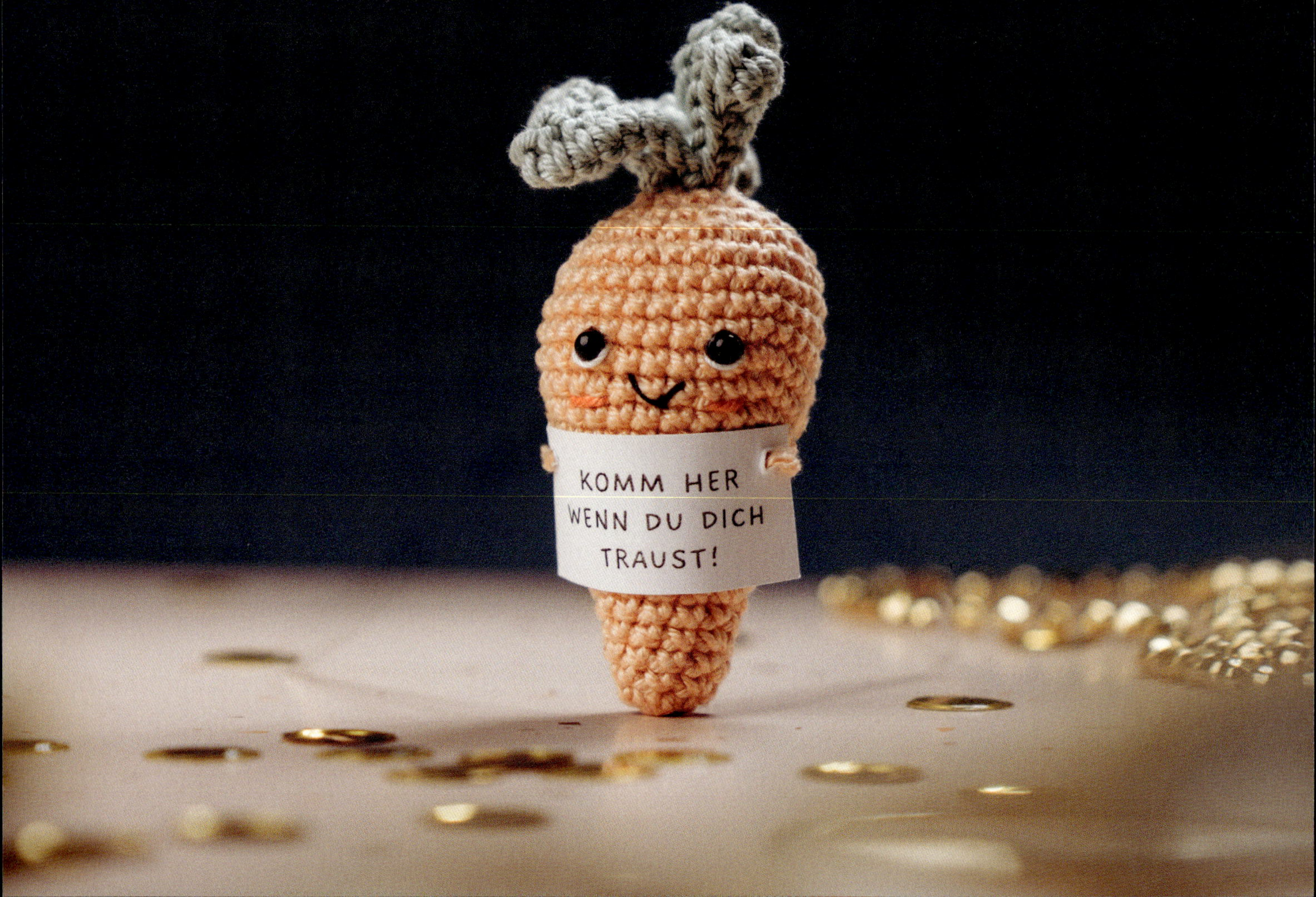
KOMM HER
WENN DU DICH
TRAUST!

mittig zwischen den Augen aufsticken. Beginne, die Karotte auszustopfen.

21. Rd: *1 fM, 1 M abn*, von * bis * noch 8x wdh. [18]
22. Rd: *4 fM, 1 M abn*, von * bis * noch 2x wdh. [15]
23. Rd: *3 fM, 1 M abn*, von * bis * noch 2x wdh. [12]
Den Faden lang abschneiden, durch die vorderen M-Glieder der letzten Rd fädeln, festziehen und vernähen.

BLÄTTER (IN RESEDA)

Schlinge in einer M der 23. Rd der Karotte mit 1 Km an und häkle wie folgt:

1. Blatt: 7 Lm anschl und ab der 2. Lm von der Nd aus 1 hStb, 3 Stb, 1 hStb, 1 fM häkeln. 1 Km zurück in die Anfangs-M. Nicht abketten. Weiter mit dem nächsten Blatt.
2. Blatt: 9 Lm anschl und ab der 2. Lm von der Nd aus 1 hStb, 4 Stb, 1 hStb, 2 fM häkeln. 1 Km zurück in die Anfangs-M. Nicht abketten. Weiter mit dem nächsten Blatt.
3. Blatt: 11 Lm anschl und ab der 2. Lm von der Nd aus 1 hStb, 5 Stb, 1 hStb, 3 fM häkeln. 1 Km zurück in die Anfangs-M. Nicht abketten. Weiter mit dem nächsten Blatt.
4. Blatt: 9 Lm anschl und ab der 2. Lm von der Nd aus 1 hStb, 4 Stb, 1 hStb, 2 fM häkeln. 1 Km zurück in die Anfangs-M. Nicht abketten. Weiter mit dem nächsten Blatt.
5. Blatt: 7 Lm anschl und ab der 2. Lm von der Nd aus 1 hStb, 3 Stb, 1 hStb, 1 fM häkeln. 1 Km zurück in die Anfangs-M. Faden abschneiden und vernähen.

FERTIGSTELLEN

Schneide ein Schild aus Tonpapier mit einer Breite von ca. 3 cm zurecht. Die Länge kannst du an die jeweilige Botschaft anpassen, die du deinem Gemüse mit auf den Weg geben willst. Das Schild mittig vor der Karotte annähen. Nutze zum Annähen einen Wollfaden in Aprikose.

Krone

Schwierigkeitsgrad: mittel
Größe: ca. 6 x 7 cm

Du bist die Königin deiner Welt (oder der König). Damit das auch die letzte Nervensäge versteht, einfach diese süße Krone aufsetzen, Machtwort sprechen und machen, worauf du gerade Lust hast.

MATERIAL

- Schachenmayr Bravo (100 % Baumwolle, LL 125 m/50 g) in:
  - Gold (Fb 402), ca. 30 g;
  - Reseda (Fb 402), Rest;
  - Aprikose (Fb 401), Rest;
  - Scampi (Fb 427), Rest;
  - Kachelblau (Fb 380), Rest;
  - Weiß (Fb 106), Rest
- Häkelnadel 2,5 mm
- Stopfnadel zum Vernähen
- Optional: Haarreifen oder Gummiband

HINWEIS

FARBWECHSEL BEI DEN NOPPENMASCHEN

Für den Farbwechsel bei den N schlinge nach der letzten fM mit der neuen Farbe an, häkle die N und masche sie ab. Stich in die folgende M ein und hole den Faden in Gold für die nächste fM durch.

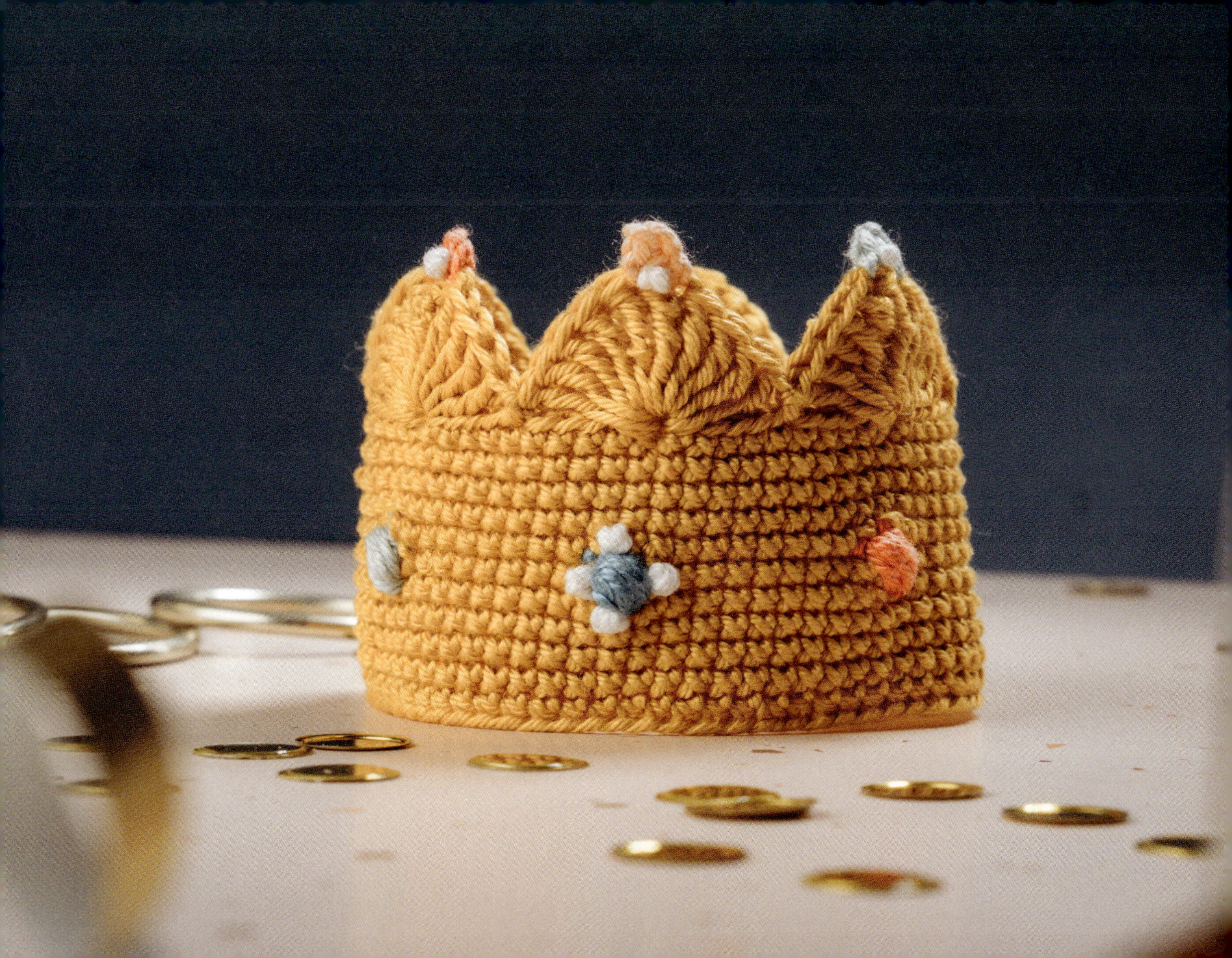

SO GEHT'S

KRONE (IN GOLD)

Häkle in Spiral-Rd. 60 Lm mit 1 Km zum Ring schließen.

1.–5. Rd: 60 fM häkeln.

6. Rd: *4 fM, 1 N aus 4 hStb, 5 fM*, von * bis * noch 5 x wdh. [60]

Wechsle die Farben bei jeder N in folgender Reihenfolge: Aprikose, Scampi, Kachelblau, Reseda, Aprikose, Scampi. Die fM werden weiterhin in Gold gehäkelt.

7.–11. Rd: 60 fM häkeln.

Jetzt beginnen die Zacken.

12. Rd: *4 M überspringen, (4 DStb, 2 3-fach Stb, 4 DStb) in 1 M, 4 M überspringen, 1 Km*, von * bis * noch 5 x wdh (= 6 Zacken).

Faden abschneiden und vernähen.

JUWELEN (3 X IN SCAMPI, APRIKOSE UND RESEDA)

Schlinge im ersten 3-fach Stb einer Zacke mit 1 Km an und schlage 2 Lm an. Häkle 1 fM ab der 2. Lm von der Nd aus. Mit 1 Km in das zweite 3-fach Stb enden. Auf den folgenden zwei Zacken wdh. Sticke auf jedes Juwel einen Knötchenstich mit Weiß. Um die N in Kachelblau 4 Knötchenstiche in Weiß sticken.

FERTIGSTELLEN

Die fertige Krone kannst du mit einem Gummiband ergänzen oder an einem Haarreifen befestigen.

Kissen »Nö«

Schwierigkeitsgrad: mittel
Größe: N ca. 15 x 20 cm, Ö ca. 26 x 18 cm

Einfach mal »Nö!« sagen. Zur Chefin, zum Ehemann, zum Putzplan, zur Verwandtschaft oder einfach zum ganzen Tag. Stattdessen kuscheln auf der Couch mit diesem gemütlichen Kissen.

MATERIAL

- Schachenmayr Bravo (100 % Polyacryl, LL 133 m/50 g) in:
  - Airforce (Fb 8362), ca. 100 g
- Häkelnadel 4,0 mm
- Füllwatte
- Stopfnadel zum Vernähen

SO GEHT'S

KISSEN N – TEIL 1 (2 X IN AIRFORCE)

Häkle in R. 15 Lm anschl, ab der 2. Lm von der Nd aus häkeln. Die Wende-Lm am Ende der R wird nicht mitgezählt.

1. R: 14 fM, 1 Lm, wenden.
2. R: 1 M zun, 13 fM, 1 Lm, wenden. [15]
3. R: 15 fM, 1 Lm, wenden.
4. R: 1 M zun, 14 fM, 1 Lm, wenden. [16]
5. R: 16 fM, 1 Lm, wenden.
6. R: 1 M zun, 15 fM, 1 Lm, wenden. [17]
7. R: 17 fM, 1 Lm, wenden.
8. R: 1 M zun, 16 fM, 1 Lm, wenden. [18]
9. R: 18 fM, 1 Lm, wenden.
10. R: 1 M zun, 17 fM, 1 Lm, wenden. [19]
11. R: 19 fM, 1 Lm, wenden.
12. R: 1 M zun, 18 fM, 1 Lm, wenden. [20]
13. R: 20 fM, 1 Lm, wenden.
14. R: 1 M zun, 19 fM, 1 Lm, wenden. [21]
15. R: 21 fM 1 Lm, wenden.
16. R: 1 M zun, 20 fM, 1 Lm, wenden. [22]
17. R: 22 fM, 1 Lm, wenden.
18. R: 1 M zun, 21 fM, 1 Lm, wenden. [23]
19. R: 23 fM, 1 Lm, wenden.

20. R: 1 M zun, 22 fM, 1 Lm, wenden. [24]
21. R: 24 fM, häkeln.
Faden abschneiden und vernähen.

KISSEN N – TEIL 2 (2 X IN AIRFORCE)

Häkle in R. 15 Lm anschl, ab der 2. Lm von der Nd aus häkeln. Die Wende-Lm am Ende der R wird nicht mitgezählt.
1.–21. R: 14 fM, 1 Lm, wenden.
22. R: 14 fM, in die 24. M der 21. R von Teil 1 einstechen, 24 fM. So Teil 1 und 2 verbinden. [38]
23.–30. R: 38 fM, 1 Lm, wenden.
31. R: 14 fM, die restlichen M bleiben frei, 1 Lm, wenden. [24]
32.–51. R: 14 fM, 1 Lm, wenden.
52. R: 14 fM häkeln.
Faden abschneiden und vernähen.

KISSEN N – TEIL 3 (2 X IN AIRFORCE)

Häkle in R. Die Wende-Lm am Ende der R wird nicht mitgezählt. Schlinge in der 15. M der 31. R von Teil 2 mit 1 stehenden fM an (zählt als 1. M der R).
Häkle wie folgt:
32. R: 24 fM, 1 Lm, wenden.
33. R: 22 fM, 1 M abn, 1 Lm, wenden. [23]
34. R: 23 fM, 1 Lm, wenden.
35. R: 21 fM, 1 M abn, 1 Lm, wenden. [22]
36. R: 22 fM, 1 Lm, wenden.
37. R: 20 fM, 1 M abn, 1 Lm, wenden. [21]
38. R: 21 fM, 1 Lm, wenden.
39. R: 19 fM, 1 M abn, 1 Lm, wenden. [20]
40. R: 20 fM, 1 Lm, wenden.
41. R: 18 fM, 1 M abn, 1 Lm, wenden. [19]
42. R: 19 fM, 1 Lm, wenden.
43. R: 17 fM, 1 M abn, 1 Lm, wenden. [18]
44. R: 18 fM, 1 Lm, wenden.
45. R: 16 fM, 1 M abn, 1 Lm, wenden. [17]
46. R: 17 fM, 1 Lm, wenden.
47. R: 15 fM, 1 M abn, 1 Lm, wenden. [16]
48. R: 16 fM, 1 Lm, wenden.
49. R: 14 fM, 1 M abn, 1 Lm, wenden. [15]
50. R: 15 fM, 1 Lm, wenden.
51. R: 13 fM, 1 M abn, 1 Lm, wenden. [14]
52. R: 14 fM, 1 Lm, wenden.
Faden abschneiden und vernähen. Das fertige N mit einer Rd fM umhäkeln. Häkle dabei je 2 fM in jede Ecke.

FERTIGSTELLEN

Die fertigen Ns aufeinanderlegen, an den Rändern zusammennähen und dabei mit Füllwatte ausstopfen.

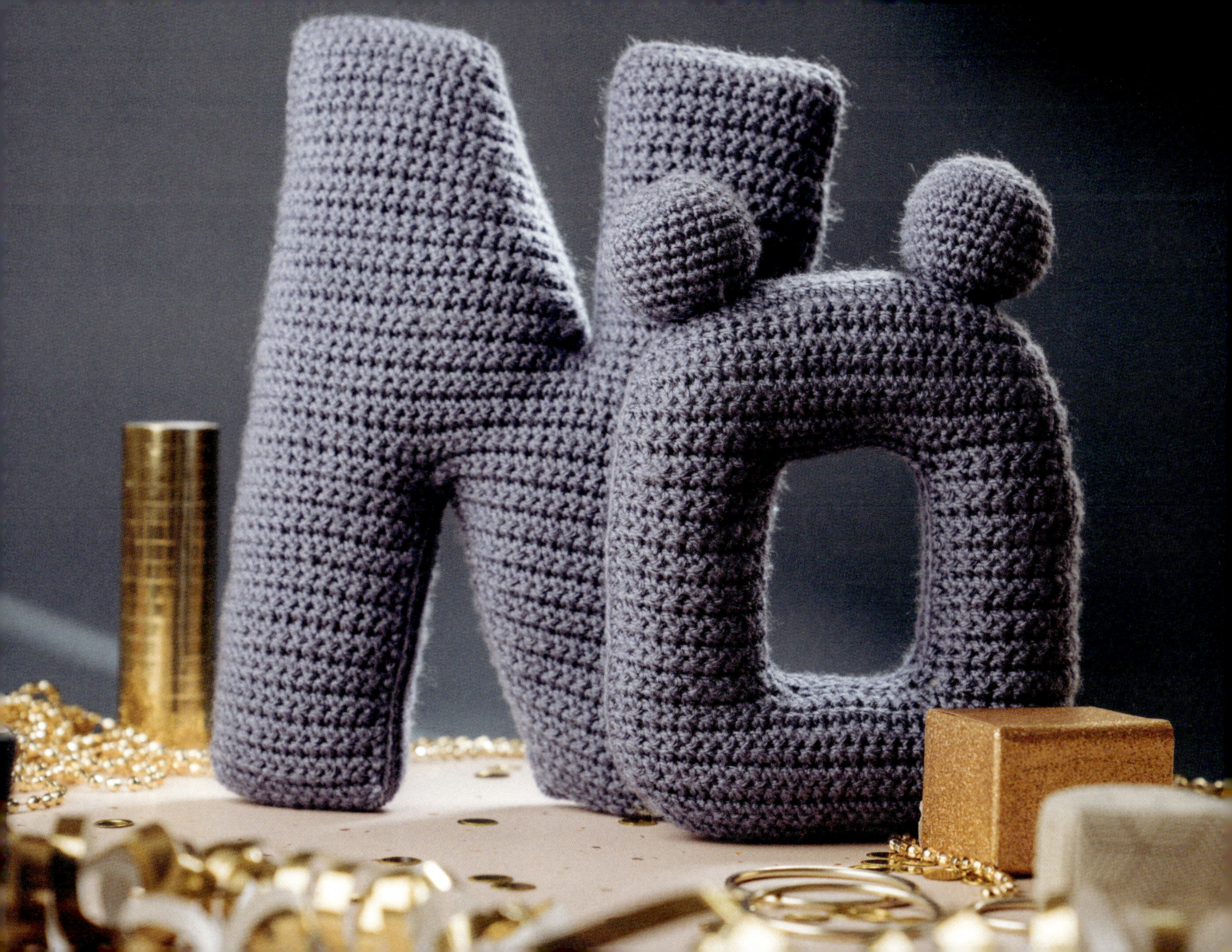

KISSEN Ö – TEIL 1 (2 X IN AIRFORCE)

Häkle in R. 23 Lm anschl, ab der 2. Lm von der Nd aus häkeln. Die Wende-Lm am Ende der R wird nicht mitgezählt.

1. R: 22 fM, 1 Lm, wenden.
2. R: 1 M zun, 20 fM, 1 M zun, 1 Lm, wenden. [24]
3. R: 1 M zun, 22 fM, 1 M zun, 1 Lm, wenden. [26]
4. R: 1 M zun, 24 fM, 1 M zun, 1 Lm, wenden. [28]
5. R: 1 M zun, 26 fM, 1 M zun, 1 Lm, wenden. [30]
6.–10. R: 30 fM, 1 Lm, wenden.
11. R: 10 fM, die restlichen M bleiben frei, 1 Lm, wenden. [10]
12.–24. R: 10 fM, 1 Lm, wenden.
25. R: 10 fM häkeln.

Faden abschneiden und vernähen.

KISSEN Ö – TEIL 2 (2 X IN AIRFORCE)

Häkle in R. Die Wende-Lm am Ende der R wird nicht mitgezählt. Schlinge in der 21. M der 10. R von Teil 1 mit 1 stehenden fM an (zählt als 1. M der R). Häkle wie folgt:

11. R: 10 fM, die restlichen M bleiben frei, 1 Lm, wenden. [10]
12.–25. R: 10 fM, 1 Lm, wenden. [10]
26. R: 10 fM, 10 Lm anschl, in der 1. M der 25. R von Teil 1 einstechen, 10 fM, 1 Lm, wenden. [30]
27.–31. R: 30 fM, 1 Lm, wenden.
32. R: 1 M abn, 26 fM, 1 M abn, 1 Lm, wenden. [28]
33. R: 1 M abn, 24 fM, 1 M abn, 1 Lm, wenden. [26]
34. R: 1 M abn, 22 fM, 1 M abn, 1 Lm, wenden. [24]
35. R: 1 M abn, 20 fM, 1 M abn, 1 Lm, wenden. [22]
36. R: 22 fM häkeln.

Faden abschneiden und vernähen. Das fertige O an der äußeren und inneren Kante mit einer Rd fM umhäkeln.

Ö-PUNKTE (2 X IN AIRFORCE)

Häkle in Spiral-Rd. Die Ö-Punkte fortlaufend mit Füllwatte ausstopfen.

1. Rd: 7 fM in einen Fadenring häkeln.
2. Rd: 7 x 1 M zun. [14]
3. Rd: *1 fM, 1 M zun*, von * bis * noch 6 x wdh. [21]
4. Rd: *2 fM, 1 M zun*, von * bis * noch 6 x wdh. [28]
5.–10. Rd: 28 fM häkeln.
11. Rd: *2 fM, 1 M abn*, von * bis * noch 6 x wdh. [21]
12. Rd: *1 fM, 1 M abn*, von * bis * noch 6 x wdh. [14]
13. Rd: 7 x 1 M abn. [7]

Den Faden lang abschneiden, durch die vorderen M-Glieder der letzten Rd fädeln und festziehen. Damit später die Ö-Punkte annähen.

FERTIGSTELLEN

Die fertigen Os aufeinanderlegen, an den Rändern innen und außen zusammennähen und dabei mit Füllwatte ausstopfen. Beginne an der Innenseite. Nähe die Ö-Punkte mit ca. 5 cm Abstand an die Oberseite des Kissens.

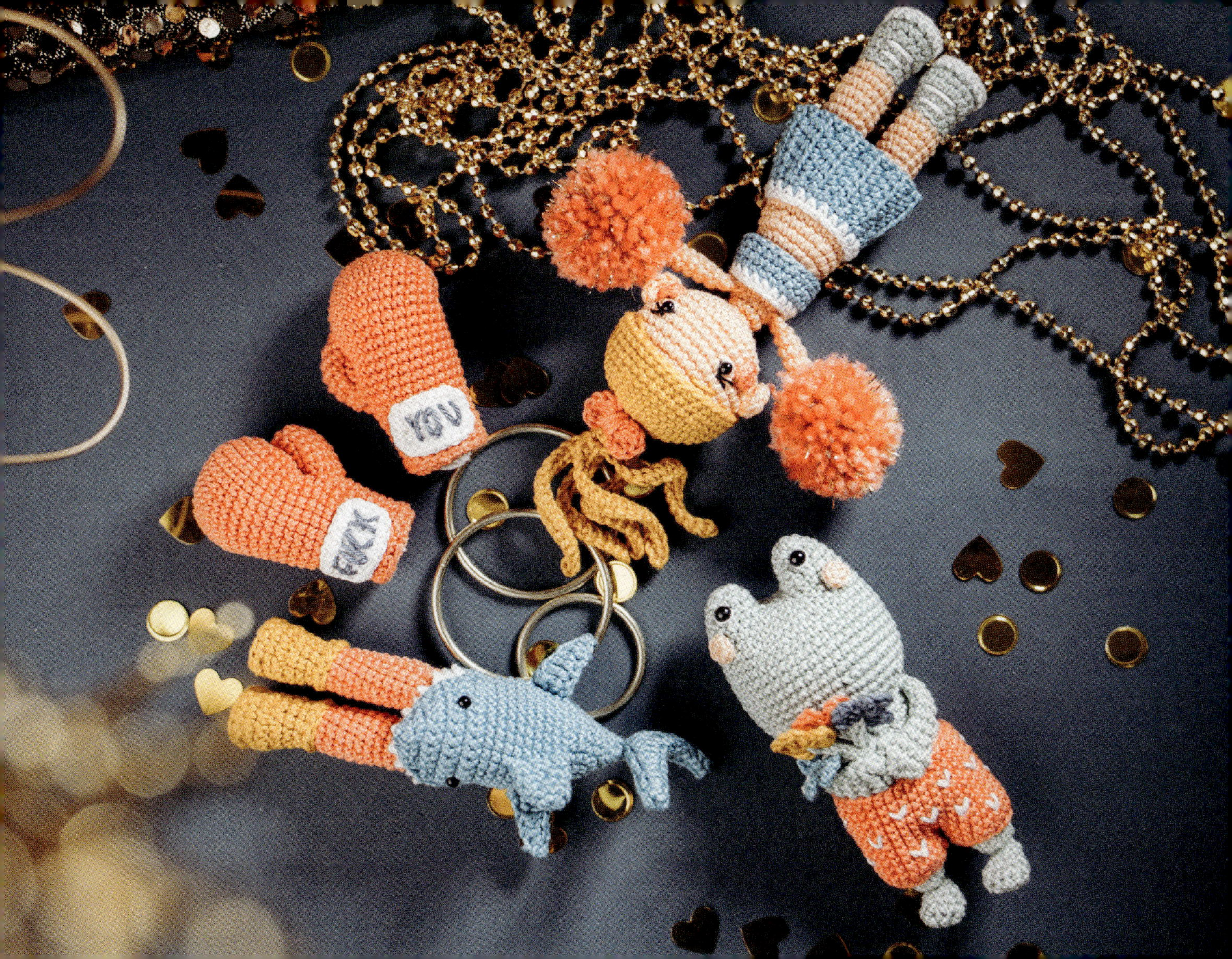

FUCK
YOU

Stinkefinger

Schwierigkeitsgrad: leicht
Größe: ca. 17 x 10 cm

Manchmal muss man einfach direkter werden. Dieses Amigurumi ist ein praktisches Hilfsmittel dafür. Einfach je nach Situation die nötigen Finger nach hinten umbiegen, um die gewünschte Botschaft zu übermitteln.

MATERIAL

- Schachenmayr Catania (100 % Baumwolle, LL 125 m/50 g) in:
  - Aprikose (Fb 401), ca. 50 g
- Häkelnadel 2,5 mm
- Füllwatte
- Chenilledraht ca. 30 cm
- Feste Pappe ca. 5 x 5 cm
- Papierschere
- Stopfnadel zum Vernähen

SO GEHT'S

HAND UND ZEIGEFINGER (IN APRIKOSE)

Häkle in Spiral-Rd.
1. Rd: 7 fM in einen Fadenring häkeln.
2. Rd: 7 x 1 M zun. [14]
3. Rd: *1 fM, 1 M zun*, von * bis * noch 6 x wdh. [21]
4. Rd: *2 fM, 1 M zun*, von * bis * noch 6 x wdh. [28]
5. Rd: *3 fM, 1 M zun*, von * bis * noch 6 x wdh. [35]
6. Rd: *4 fM, 1 M zun*, von * bis * noch 6 x wdh. [42]
7. Rd: 42 fM häkeln.
8. Rd: 42 fM ihM häkeln.
9.–18. Rd: 42 fM häkeln.
19. Rd: 4 fM, 1 M zun, 5 fM, 1 M zun, 4 fM, 1 M zun, 9 fM, 1 M zun, 5 fM, 1 M zun, 4 fM, 1 M zun, 5 fM. [48]
20. Rd: *5 fM, 1 M zun*, von * bis * noch 2 x wdh, 6 fM, *5 fM, 1 M zun*, von * bis * noch 2 x wdh, 6 fM. [54]
21.–22. Rd: 54 fM häkeln.
23. Rd: *3 x (6 fM, 1 M zun), 6 fM*, von * bis * 1 x wdh. [60]

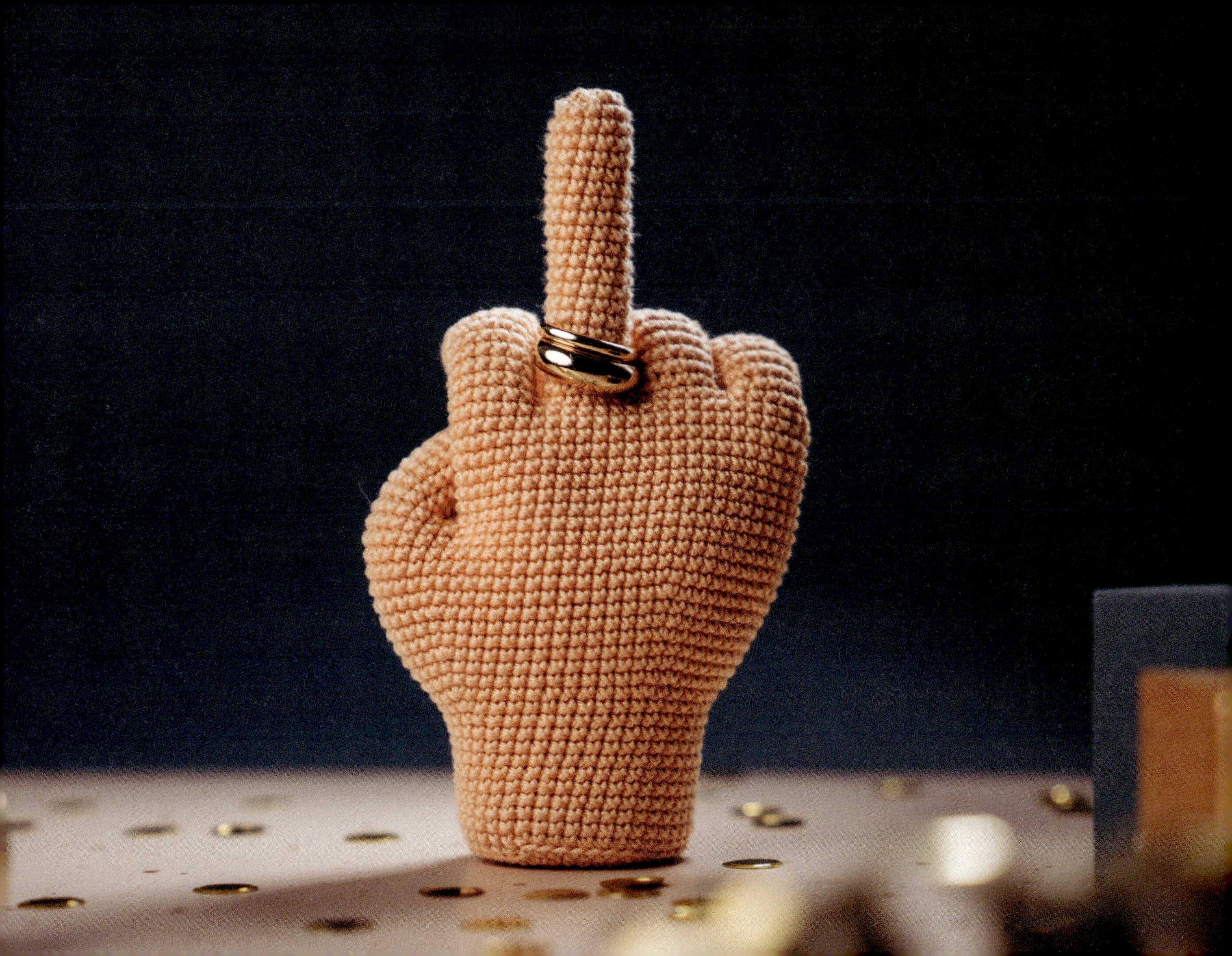

24.–25. Rd: 60 fM häkeln.
26. Rd: *3 x (7 fM, 1 M zun), 6 fM*, von * bis * 1 x wdh. [66]
27.–31. Rd: 66 fM häkeln.
32. Rd: 8 fM, 14 M überspringen (= Daumenloch), 1 fM in die 15. M, MM setzen. Hier beginnt die neue Runde, 52 fM bis zum MM häkeln.
33.–37. Rd: 52 fM häkeln.
38. Rd: 20 fM, 1 M abn, 5 fM, 1 M abn, 23 fM. [50]
39. Rd: 50 fM häkeln.
Schneide einen Kreis aus Pappe mit einem Durchmesser von ca. 5 cm und lege ihn ein. Stopfe jetzt die Hand aus.
40. Rd: 7 fM, 37 M überspringen, 6 fM. [13]
Ab hier beginnt der Zeigefinger.
41.–58. Rd: 13 fM häkeln.
Stopfe den Zeigefinger aus und lege dabei einen ca. 5 cm langen Chenilledraht ein.
59. Rd: *2 fM, 1 M abn*, von * bis * noch 2 x wdh, 1 fM. [10]
Den Faden lang abschneiden, durch die vorderen M-Glieder der letzten Rd fädeln, festziehen und vernähen.

MITTELFINGER (IN APRIKOSE)

Schlinge in der 8. M der 40. Rd der Hand mit 1 stehenden fM an (zählt als 1. M der Rd) und häkle wie folgt:
41. Rd: 6 fM, 25 M überspringen, 6 fM. [12]
42.–61. Rd: 12 fM häkeln.
Stopfe den Mittelfinger aus und lege dabei einen ca. 5 cm langen Chenilledraht ein.
62. Rd: *2 fM, 1 M abn*, von * bis * noch 2 x wdh. [9]
Den Faden lang abschneiden, durch die vorderen M-Glieder der letzten Rd fädeln, festziehen und vernähen.

RINGFINGER (IN APRIKOSE)

Schlinge in der 14. M der 40. Rd der Hand mit 1 stehenden fM an (zählt als 1. M der Rd) und häkle wie folgt:
41. Rd: 6 fM, 13 M überspringen, 6 fM. [12]
42.–59. Rd: 12 fM häkeln.
Stopfe den Ringfinger aus und lege dabei einen ca. 5 cm langen Chenilledraht ein.
60. Rd: *2 fM, 1 M abn*, von * bis * noch 2 x wdh. [9]
Den Faden lang abschneiden, durch die vorderen M-Glieder der letzten Rd fädeln, festziehen und vernähen.

KLEINER FINGER (IN APRIKOSE)

Schlinge in der 20. M der 40. Rd der Hand mit 1 stehenden fM an (zählt als 1. M der Rd) und häkle wie folgt:
41. Rd: 5 fM, 1 M abn, 6 fM. [12]
42.–53. Rd: 12 fM häkeln.
Stopfe den kleinen Finger aus und lege dabei einen ca. 5 cm langen Chenilledraht ein.
54. Rd: *2 fM, 1 M abn*, von * bis * noch 2 x wdh. [9]
Den Faden lang abschneiden, durch die vorderen M-Glieder der letzten Rd fädeln, festziehen und vernähen.

DAUMEN (IN APRIKOSE)

Schlinge mit 1 stehenden fM in einer M des Daumenlochs an (zählt als 1. M der Rd) und häkle wie folgt:

1. Rd: 14 fM, 1 fM in die 1. fM der Rd (= 1. M der folgenden Rd).

2.–8. Rd: 14 fM häkeln.

9. Rd: 3 fM, 1 M abn, 9 fM. [13]

10. Rd: 13 fM häkeln.

11. Rd: 2 fM, 1 M abn, 9 fM. [12]

12. Rd: 12 fM häkeln.

Stopfe den Daumen aus und lege dabei einen ca. 4 cm langen Chenilledraht ein.

13. Rd: *2 fM, 1 M abn*, von * bis * noch 2 x wdh [9]

Den Faden lang abschneiden, durch die vorderen M-Glieder der letzten Rd fädeln, festziehen und vernähen.

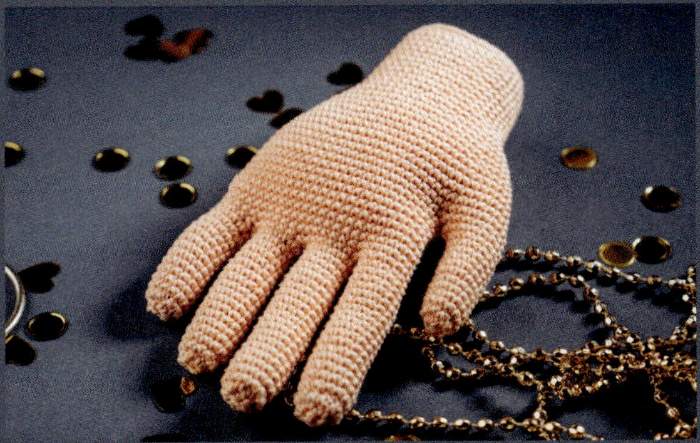

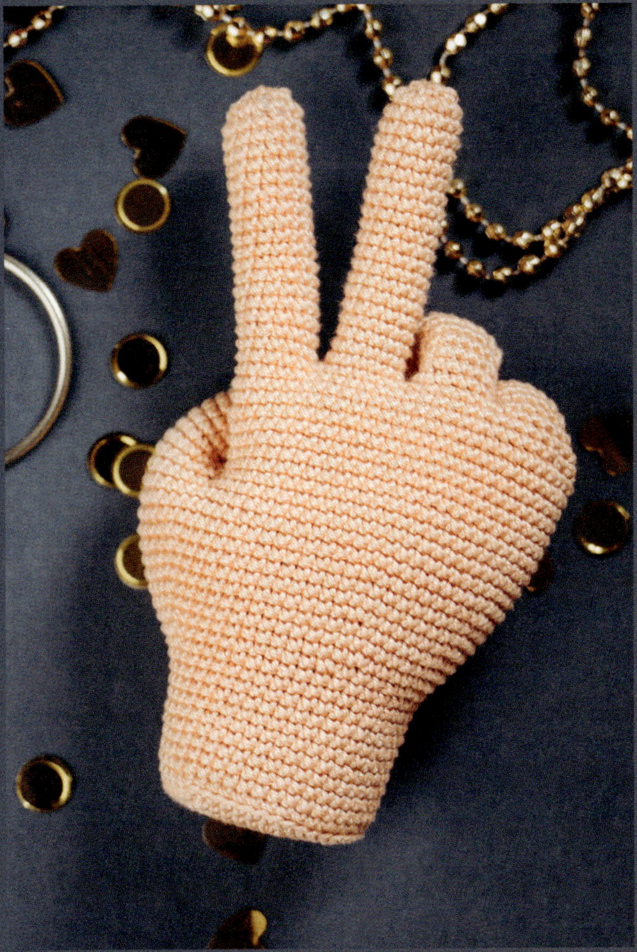

Massageschwamm

Schwierigkeitsgrad: leicht
Größe: Ø ca. 12 cm

Die beste Waffe gegen den Stress ist die Entspannung. Dieser sanfte Massageschwamm ist schon beim Häkeln Entspannung pur, denn du musst nur bis drei zählen, und alles andere läuft wie von selbst.

MATERIAL

- Schachenmayr Bravo (100 % Polyacryl, LL 133 m/50 g) in:
  - Aqua (Fb 8380), ca. 100 g;
  - Mint (Fb 8359), Rest
- Häkelnadel 4,0 mm
- Stopfnadel zum Vernähen

SO GEHT'S

MASSAGESCHWAMM (IN MINT UND AQUA)

Häkle in Rd. Jede Rd beginnt mit 2 Wende-Lm und endet mit 1 Km in die 1. M der Rd. Bilde in einen Fadenring. Beginne mit Mint.

1. Rd: 1 Lm, 20 hStb, 1 Km in die 1. M der Rd, 45 Lm anschl, 1 Km zurück in die 1. M der Rd. Den Fadenring festziehen. Faden abschneiden und vernähen. Fb-Wechsel zu Aqua.

2. Rd: 2 Lm, 4 Stb je M der Vor-Rd, die 45-Lm-Kette überspringen, 1 Km in die 1. M der Rd. [80]

3. Rd: 2 Lm, 3 Stb je M der Vor-Rd, die 45-Lm-Kette überspringen, 1 Km in die 1. M der Rd. [240]

Die 3. Rd so lange wdh, bis der Massageschwamm die gewünschte Größe hat. Faden abschneiden und vernähen. Ich habe hier vier Rd gehäkelt und einen Durchmesser von ca. 12 cm erreicht.

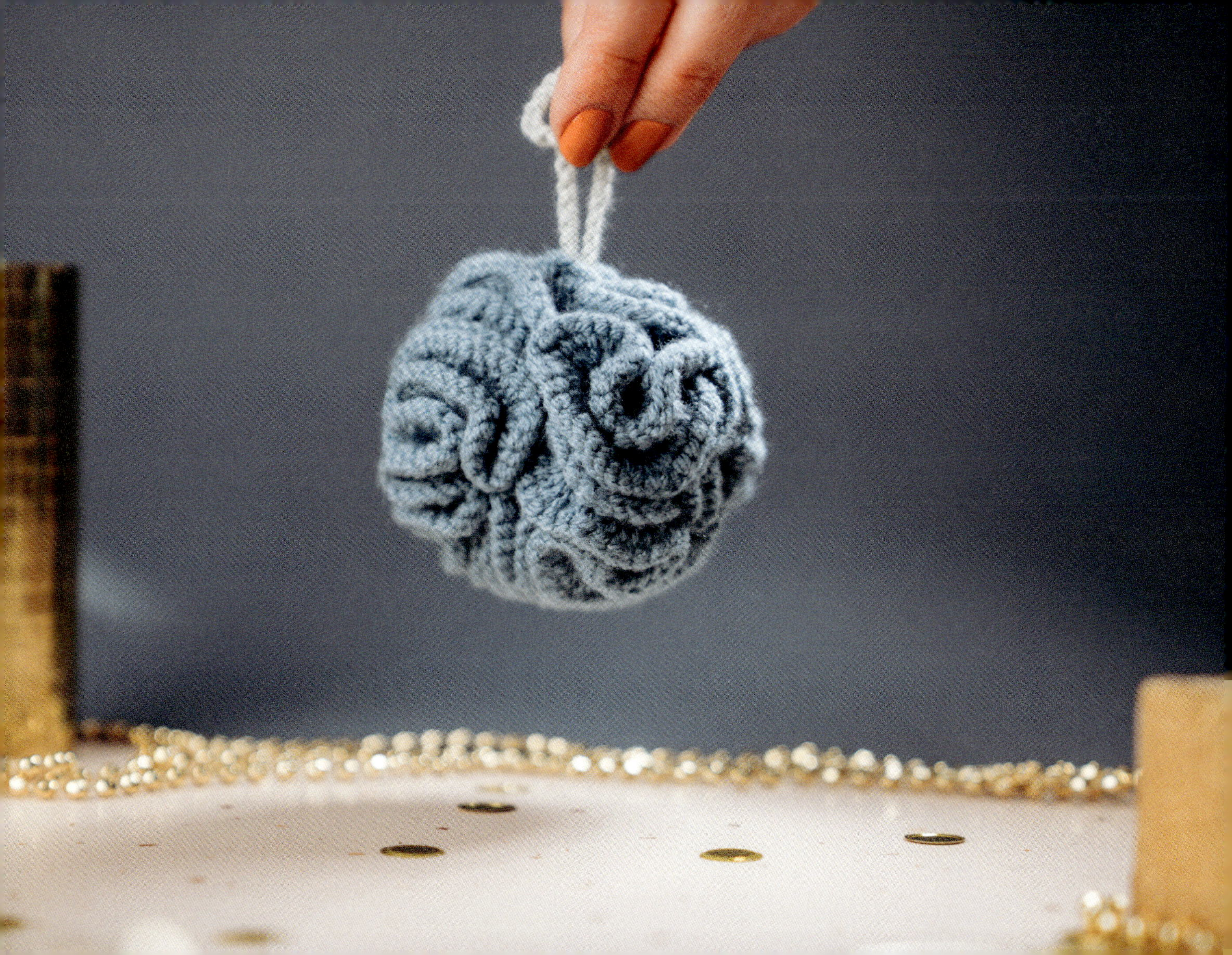

Cheerleader

Schwierigkeitsgrad: schwer
Größe: ca. 17 cm

Alles nervt, du bist müde und hast keine Lust? Dann ist dieser kleine Cheerleader die perfekte Motivation! »Woo-hoo! Gib mir ein H, gib mir ein Ä, gib mir ein K, gib mir ein E, gib mir ein L, gib mir ein N! Und was heißt das???«

MATERIAL

- Schachenmayr Catania (100 % Baumwolle, LL 125 m/50 g) in:
  - Aprikose (Fb 401), ca. 50 g;
  - Gold (Fb 402), ca. 20 g;
  - Kachelblau (Fb 380), ca. 15 g;
  - Reseda (Fb 402), ca. 10 g;
  - Weiß (Fb 106), ca. 10 g;
  - Scampi (Fb 427), Rest
- Schachenmayr Bravo (100 % Polyacryl, LL 133 m/50 g) in:
  - Lily (Fb 8027), ca. 20 g
- Goldenes Beilaufgarn
- Weißes und schwarzes Filetgarn
- 2 Sicherheitsaugen Ø 4 mm
- Häkelnadel 2,5 mm
- Füllwatte
- Pompon Maker Ø 4 cm
- Stopfnadel zum Vernähen

SO GEHT'S

BÄCKCHEN (2 X IN SCAMPI)

Häkle 5 fM in einen Fadenring. Den Faden lang abschneiden und die Rd unsichtbar abschließen.

KOPF (IN APRIKOSE)

Häkle Spiral-Rd.
1. Rd: 7 fM in einen Fadenring häkeln.
2. Rd: 7 x 1 M zun. [14]
3. Rd: *1 fM, 1 M zun*, von * bis * noch 6 x wdh. [21]
4. Rd: *2 fM, 1 M zun*, von * bis * noch 6 x wdh. [28]
5. Rd: *3 fM, 1 M zun*, von * bis * noch 6 x wdh. [35]

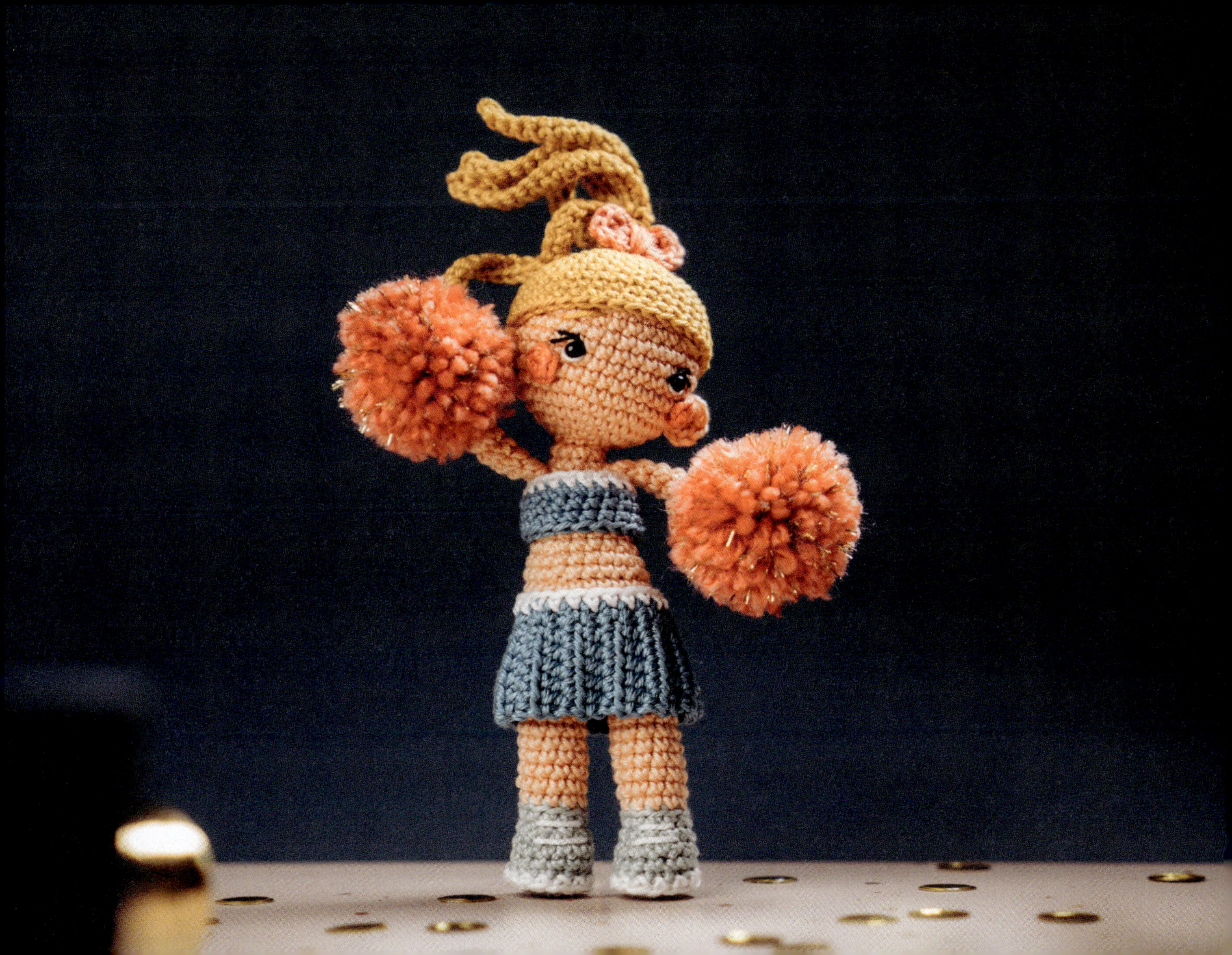

6.–12. Rd: 35 fM.
Sicherheitsaugen zwischen der 8. und 9. Rd befestigen. Zwischen den Augen bleiben 6 M frei. Jetzt die Bäckchen annähen.
13. Rd: *3 fM, 1 M abn*, von * bis * noch 6x wdh. [28]
14. Rd: *2 fM, 1 M abn*, von * bis * noch 6x wdh. [21]
Beginne, den Kopf auszustopfen.
15. Rd: *1 fM, 1 M abn*, von * bis * noch 6x wdh. [14]
16. Rd: 7x 1 M abn. [7]
Den Faden lang abschneiden, durch die vorderen M-Glieder der letzten Rd fädeln, festziehen und vernähen.

FRISUR (IN GOLD)

Häkle in Spiral-Rd.
1. Rd: 7 fM in einen Fadenring häkeln.
2. Rd: 7x 1 M zun. [14]
3. Rd: *1 fM, 1 M zun*, von * bis * noch 6x wdh. [21]
4. Rd: *2 fM, 1 M zun*, von * bis * noch 6x wdh. [28]
5. Rd: *3 fM, 1 M zun*, von * bis * noch 6x wdh. [35]
6.–11. Rd: 35 fM.
Faden lang abschneiden und damit später die Frisur auf den Kopf nähen.

ZOPF (IN GOLD)

Häkle in R. 12 Lm anschl, ab der 2. Lm von der Nd aus häkeln. Die Wende-Lm am Ende der R wird nicht mitgezählt.
1. R: 11 fM, 1 Lm, wenden.
2. R: *19 Lm anschl und 18 fM ab der 2. Lm von der Nd aus häkeln, 1 M überspringen, 1 fM*, von * bis * noch 4x wdh.
Faden lang abschneiden. Die M der 1. R zusammenrollen und mit ein paar Stichen so fixieren, dass ein Zopf entsteht. Den Zopf mittig oben auf die Frisur nähen.

SCHLEIFE (IN SCAMPI)

Häkle in R. 2 Lm anschl und 4 Stb, 2 Lm, 1 Km, 2 Lm, 4 Stb, 2 Lm, 1 Km in die 2. Lm von der Nd aus häkeln. Faden lang abschneiden, 3–4x um die Mitte der Schleife wickeln und auf der Rückseite mit ein paar Stichen fixieren. Schneide den Faden lang ab und nähe damit die Schleife vor dem Zopfansatz auf der Frisur fest.

OHREN (2X IN APRIKOSE)

Schlage 2 Lm an und häkle 5 hStb ab der 2. Lm von der Nd aus. Faden lang abschneiden und damit die Ohren später annähen.

KOPF FERTIGSTELLEN

Die Ohren rechts und links auf Höhe der Augen an den Kopf nähen. Der Abstand zu den Augen beträgt 4 M. Sticke weißes Filetgarn direkt unter den Augen auf. Mit schwarzem Filetgarn den Lidstrich und Wimpernkranz nah über den Augen aufsticken. Die Frisur aufsetzen und festnähen.

KÖRPER

BEIN (2 X IN RESEDA UND APRIKOSE)

Häkle in Spiral-Rd. Beginne mit Reseda. 4 Lm anschl, ab der 2. Lm von der Nd aus wie folgt um die Lm-Kette herumhäkeln. Die Beine fortlaufend ausstopfen.

1. Rd: 2 fM, 3 fM in 1 M, 1 fM, 1 M zun. [8]
2. Rd: *3 fM, 3 fM in 1 M*, von * bis * noch 1 x wdh. [12]
3. Rd: 4 fM, 1 M zun, 5 fM, 1 M zun, 1 fM. [14]
4. Rd: 14 fM ihM häkeln.
5. Rd: 14 fM häkeln.
6. Rd: 3 fM, 3 x 1 M abn, 5 fM. [11]
7. Rd: 11 fM häkeln.

Fb-Wechsel zu Aprikose.

8. Rd: 11 fM ihM häkeln.

9.–15. Rd: 11 fM häkeln.

Faden abschneiden und vernähen. Das erste Bein abketten, den Faden vernähen. Das zweite Bein nicht abketten, es geht gleich mit der Verbindung weiter.

SCHUHSOHLE (2 X IN WEISS)

In einem vorderen M-Glied der 4. Rd des Beins mit 1 stehenden fM von oben einstechen und eine Rd mit 14 fM ihM häkeln. Die Runde unsichtbar abschließen. Beim zweiten Bein wdh. Ebenfalls mit Weiß je 2 Schnürsenkel auf die Schuhe sticken.

VERBINDUNG DER BEINE

Weiterhin in Aprikose. Häkle weitere 4 fM um das 2. Bein. 2 Lm, stich in die 9. M der 15. Rd des ersten Beins ein und arbeite wie folgt weiter:
11 fM um das erste Bein, 2 fM in die Lm, 11 fM um das zweite Bein, 2 fM in die Lm. [26]. Nicht abketten. Weiter mit dem Oberkörper.

OBERKÖRPER (IN APRIKOSE)

Häkle in Spiral-Rd. Den Oberkörper fortlaufend mit Füllwatte ausstopfen.

1.–7. Rd: 26 fM häkeln.

8. Rd: 2 fM, 1 M abn, *4 fM, 1 M abn*, von * bis * noch 2 x wdh, 4 fM. [22]
9. Rd: 22 fM häkeln.
10. Rd: 1 fM, 1 M abn, *4 fM, 1 M abn*, von * bis * noch 2 x wdh, 1 fM. [18]
11. Rd: 18 fM häkeln.
12. Rd: 1 M abn, *4 fM, 1 M abn*, von * bis * noch 1 x wdh, 4 fM. [15]
13. Rd: 15 fM häkeln.
14. Rd: *3 fM, 1 M abn *, von * bis * noch 2 x wdh. [12]
15. Rd: 12 fM häkeln.
16. Rd: *2 fM, 1 M abn*, von * bis * noch 2 x wdh. [9]

17.–19. Rd: 9 fM häkeln.

Faden lang abschneiden und damit später den Kopf annähen.

ARME (2 X IN APRIKOSE)

Häkle in Spiral-Rd. Den Arm nur bis zu 5. Rd mit Füllwatte ausstopfen.

1. Rd: 6 fM in einen Fadenring häkeln.

2.–12. Rd: 6 fM häkeln.

Die M der 12. Rd zusammendrücken und mit 3 fM zusammenhäkeln. Faden lang abschneiden und damit die Arme in Höhe der 17. Rd. an den Körper nähen.

ROCK (IN KACHELBLAU UND WEISS)

Häkle in R. 8 Lm anschl, ab der 2. Lm von der Nd aus häkeln. Die Wende-Lm am Ende der R wird nicht mitgezählt.

1. R: 2 fM, 5 hStb, 1 Lm, wenden. [7]

2. R: 5 hStb, 2 fM, 1 Lm, wenden. [7]

Die 1. und 2. R im Wechsel wdh, bis 23. R erreicht sind. Schneide den Faden lang ab und nähe damit die kurze Kante zusammen, sodass ein Rock entsteht. Die obere Kante des Rocks (fM) mit einer Rd fM mit Weiß behäkeln. Beginne dabei mit einer stehenden fM. Schließe die Rd unsichtbar ab.

OBERTEIL (IN KACHELBLAU UND WEISS)

Häkle in Spiral-Rd. 20 Lm mit 1 Km zum Ring schließen.

1.–3. Rd: 20 fM häkeln.

Faden abschneiden und vernähen. Die untere Kante des Oberteils (Lm-Kette) mit einer Rd fM behäkeln. Beginne dabei mit 1 stehenden fM. Schließe die Rd unsichtbar ab.

POMPONS (2 X IN LILY UND BEILAUFGARN)

Fertige mit dem Pompon Maker zwei Pompons mit Wolle und Beilaufgarn an. Schneide den Faden in der Mitte lang ab. Damit werden sie später fixiert.

FERTIGSTELLEN

Ziehe das Oberteil von oben über den Körper. Jetzt den Kopf annähen. Den Rock von unten über den Körper ziehen. Die Pompons mit dem langen Faden um die Hände knoten und mit ein paar Stichen fixieren.

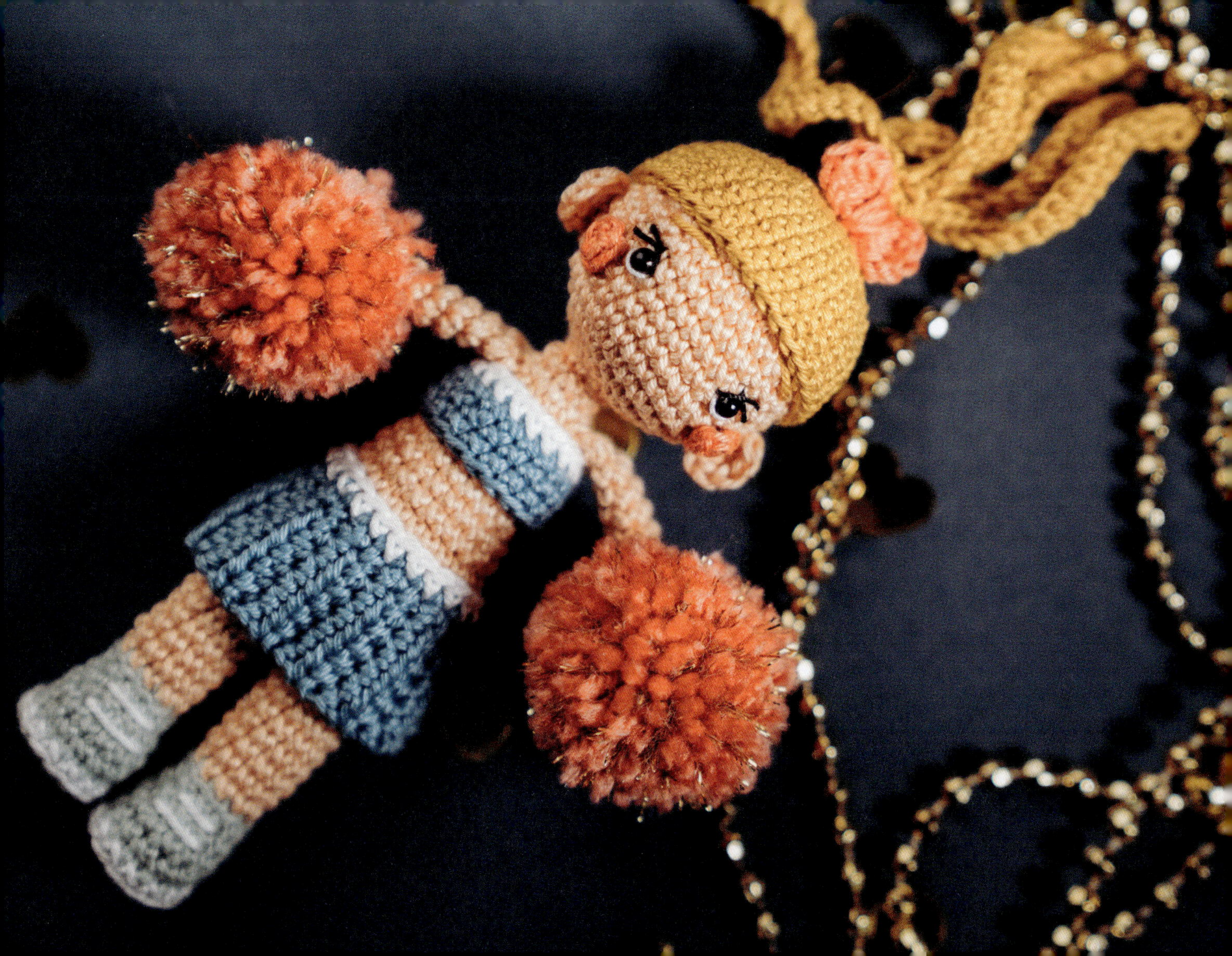

Wohlfühlessen

Was ist schlimmer als Stress? Genau! Diät-Stress! Dabei macht doch nichts glücklicher als das liebste Lieblingsessen. Deshalb, denkt immer daran: Alle Körper sind schön, und wir verdienen leckere Sachen!

Eis am Stiel

Schwierigkeitsgrad: mittel
Größe: ca. 13 cm

MATERIAL

- Schachenmayr Catania (100 % Baumwolle, LL 125 m/50 g) in:
    - Reseda (Fb 402), 10 g;
    - Scampi (Fb 427), 10 g;
    - Gold (Fb 249), 10 g;
    - Aprikose (Fb 401), 10 g;
    - Weiß (Fb 106), 10 g
- Weißes und schwarzes Filetgarn
- Häkelnadel 2,5 mm
- 2 Sicherheitsaugen Ø 5 mm
- Füllwatte
- Eisstiel aus Holz, ca. 11 cm
- Sticknadel
- Stopfnadel zum Vernähen

SO GEHT'S

BÄCKCHEN (IN APRIKOSE)

Häkle 6 fM in einen Fadenring. Den Faden lang abschneiden und die Rd unsichtbar abschließen.

EIS (IN APRIKOSE, RESEDA, GOLD, SCAMPI)

Häkle in Spiral-Rd. Beginne mit Aprikose. 11 Lm anschl, ab der 2. Lm von der Nd aus wie folgt um die Lm-Kette herumhäkeln:

1. Rd: 9 fM, 3 fM in 1 M, weiter an der Unterseite, 8 fM, 1 M zun. [22]

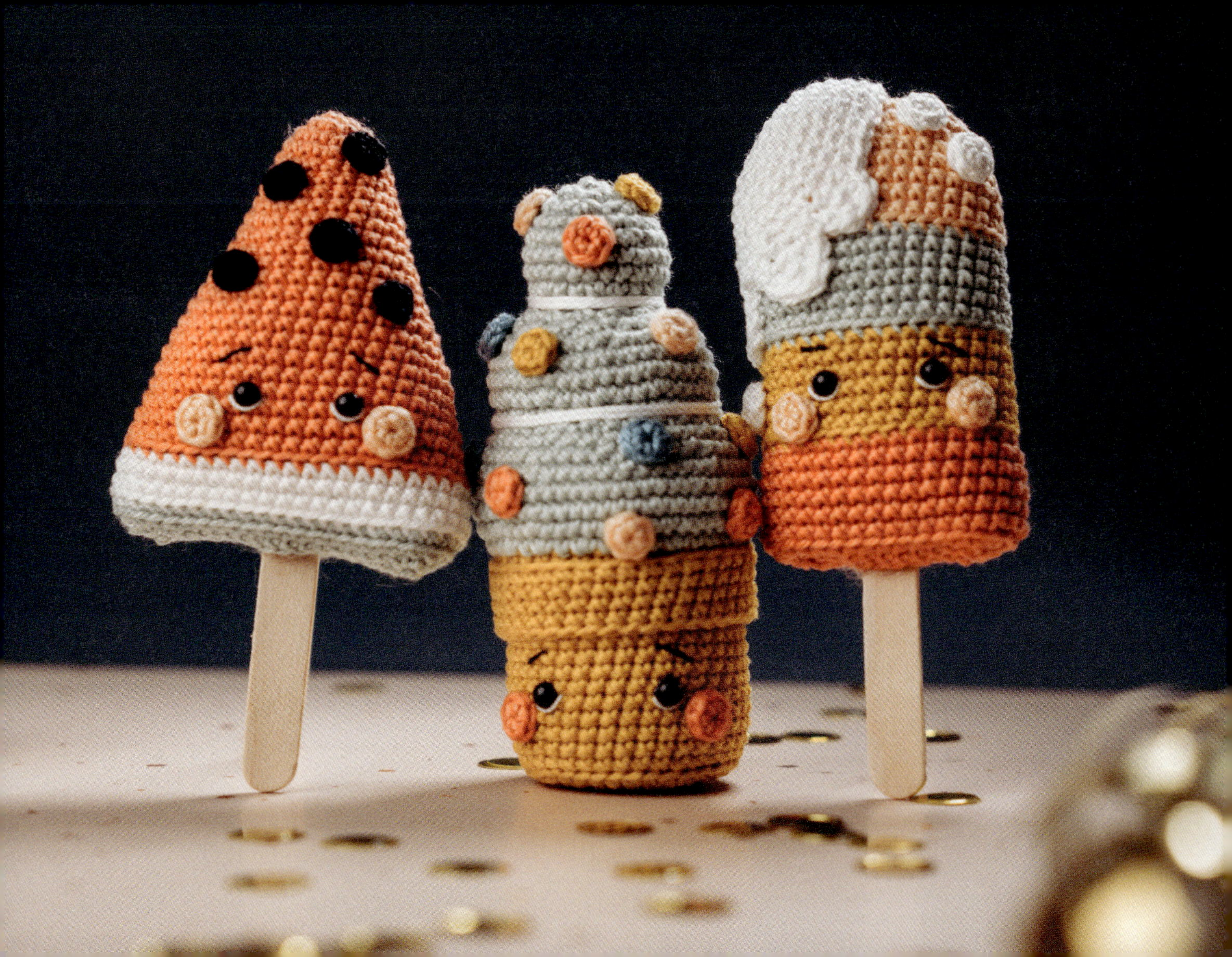

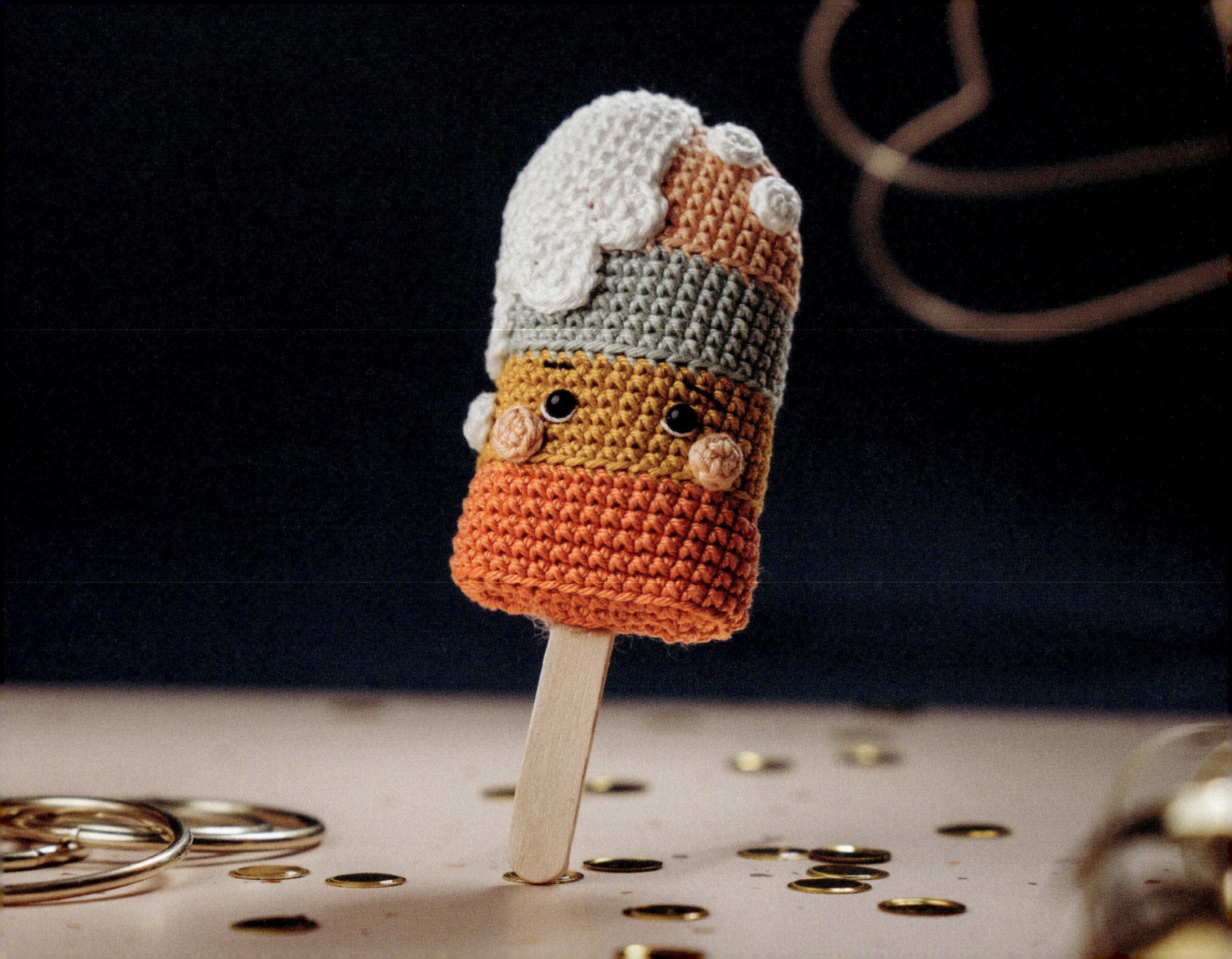

2. Rd: *10 fM, 3 fM in 1 M*, von * bis * noch 1 x wdh. [26]
3. Rd: *10 fM, 1 M zun, 1 M, 1 M zun*, von * bis * noch 1 x wdh. [30]
4. Rd: 12 fM, 1 M zun, 14 fM, 1 M zun, 2 fM. [32]
5. Rd: 13 fM, 1 M zun, 15 fM, 1 M zun, 2 fM. [34]
6. Rd: 14 fM, 1 M zun, 16 fM, 1 M zun, 2 fM. [36]
7.–9. Rd: 36 fM häkeln.
Fb-Wechsel zu Reseda.
10. Rd: 36 fM ihM häkeln.
11.–15. Rd: 36 fM häkeln.
Fb-Wechsel zu Gold.
16. Rd: 36 fM ihM häkeln.
17.–21. Rd: 36 fM häkeln.
Fb-Wechsel zu Scampi.
22. Rd: 36 fM ihM häkeln.
23.–27. Rd: 36 fM häkeln.
Die Sicherheitsaugen zwischen der 18. und 19. Rd mit 6 M Abstand befestigen. Mit weißem Filetgarn das Augenweiß direkt unter den Augen aufsticken. Die Augenbrauen mit schwarzem Filetgarn eine Rd über den Augen aufsticken. Jetzt die Bäckchen annähen.
28. Rd: Alles ihM, 1 M abn, 12 fM, 3 x 1 M abn, 12 fM, 2 x 1 M abn. [30]
29. Rd: 1 M abn, 9 fM, 3 x 1 M abn, 9 fM, 2 x 1 M abn. [24]
Faden lang abschneiden. Das Eis ausstopfen und dabei den Eisstiel so einlegen, dass er ca. 5 cm nach unten herausragt. Die M der 29. Rd um den Eisstiel herum zusammennähen.

SAHNE (IN WEISS)

Häkle in Spiral-Rd.
1. Rd: 7 fM in einen Fadenring häkeln.
2. Rd: 7 x 1 M zun. [14]
3. Rd: *1 fM, 1 M zun*, von * bis * noch 6 x wdh. [21]
4. Rd: *2 fM, 1 M zun*, von * bis * noch 6 x wdh. [28]
5.–6 Rd: 28 fM häkeln.
7. Rd: 3 fM, 3 Lm anschl und 2 hStb in die 3. Lm von der Nd aus häkeln (= Tropfen), 2 fM, 5 Lm anschl und 4 hStb in die 5. Lm von der Nd aus häkeln, 4 fM, 4 Lm anschl und 3 hStb in die 4. Lm von der Nd aus häkeln, 2 fM, 3 Lm anschl und 2 hStb in die 3. Lm von der Nd aus häkeln, 17 fM.
Nicht abketten, sondern die gesamte Sahne mit einer Rd fM umhäkeln. Faden lang abschneiden und damit die Sahne seitlich auf das Eis nähen.

SAHNETROPFEN (3 X IN WEISS)

Häkle wie die Bäckchen. Faden lang abschneiden und damit die Tropfen annähen.

Eis im Becher

Schwierigkeitsgrad: mittel
Größe: ca. 11 cm

MATERIAL

- Schachenmayr Catania (100 % Baumwolle, LL 125 m/50 g) in:
  - Reseda (Fb 402), 20 g;
  - Gold (Fb 249), 20 g;
  - Aprikose (Fb 401), Rest;
  - Scampi (Fb 427), Rest;
  - Kachelblau (Fb 380), Rest;
  - Weiß (Fb 106), Rest
- Weißes und schwarzes Filetgarn
- Häkelnadel 2,5 mm
- 2 Sicherheitsaugen Ø 5 mm
- Füllwatte
- Sticknadel
- Stopfnadel zum Vernähen

SO GEHT'S

BÄCKCHEN (2 X IN SCAMPI)

Häkle wie beim Eis am Stiel.

BECHER UND EIS (IN GOLD)

Häkle in Spiral-Rd.
1. Rd: 6 fM in einen Fadenring häkeln.
2. Rd: 6 x 1 M zun. [12]
3. Rd: *1 fM, 1 M zun*, von * bis * noch 5 x wdh. [18]
4. Rd: *2 fM, 1 M zun*, von * bis * noch 5 x wdh. [24]
5. Rd: *3 fM, 1 M zun*, von * bis * noch 5 x wdh. [30]
6. Rd: *4 fM, 1 M zun*, von * bis * noch 5 x wdh. [36]
7. Rd: 36 fM ihM häkeln.
8.–20. Rd: 36 fM häkeln.
Die Sicherheitsaugen zwischen der 11. und 12. Rd mit 6 M Abstand befestigen. Mit weißem Filetgarn das Augenweiß direkt unter den Augen aufsticken. Die Augenbrauen mit schwarzem Filetgarn eine Rd über den Augen aufsticken. Jetzt die Bäckchen annähen. Fb-Wechsel zu Reseda.
21. Rd: *1 fM, 1 M zun*, von * bis * noch 17 x wdh. [54]
22. Rd: *5 fM, 1 M zun*, von * bis * noch 8 x wdh. [63]
23.–24. Rd: 63 fM häkeln.
25. Rd: *5 fM, 1 M abn*, von * bis * noch 8 x wdh. [54]
26. Rd: *4 fM, 1 M abn*, von * bis * noch 8 x wdh. [45]

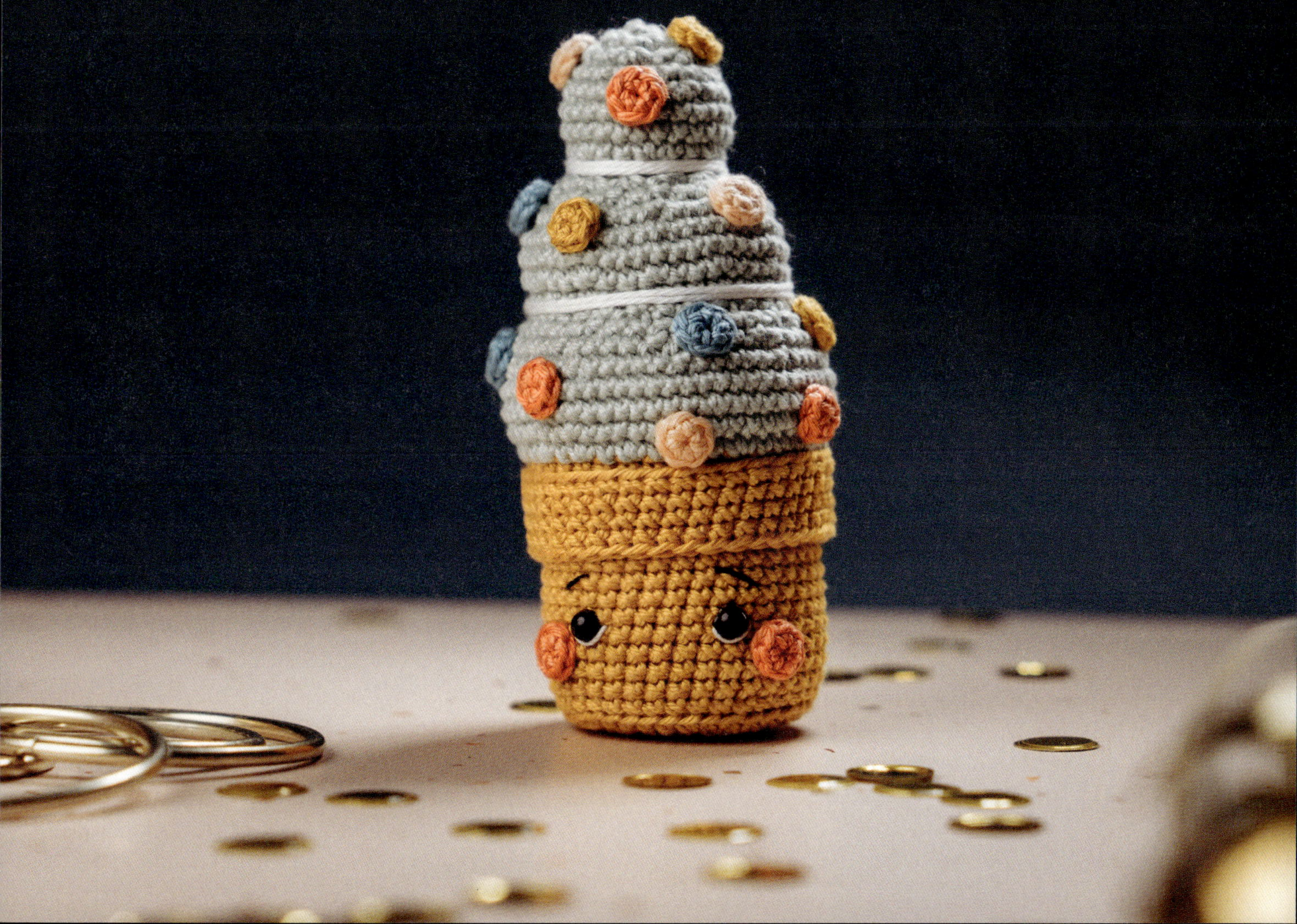

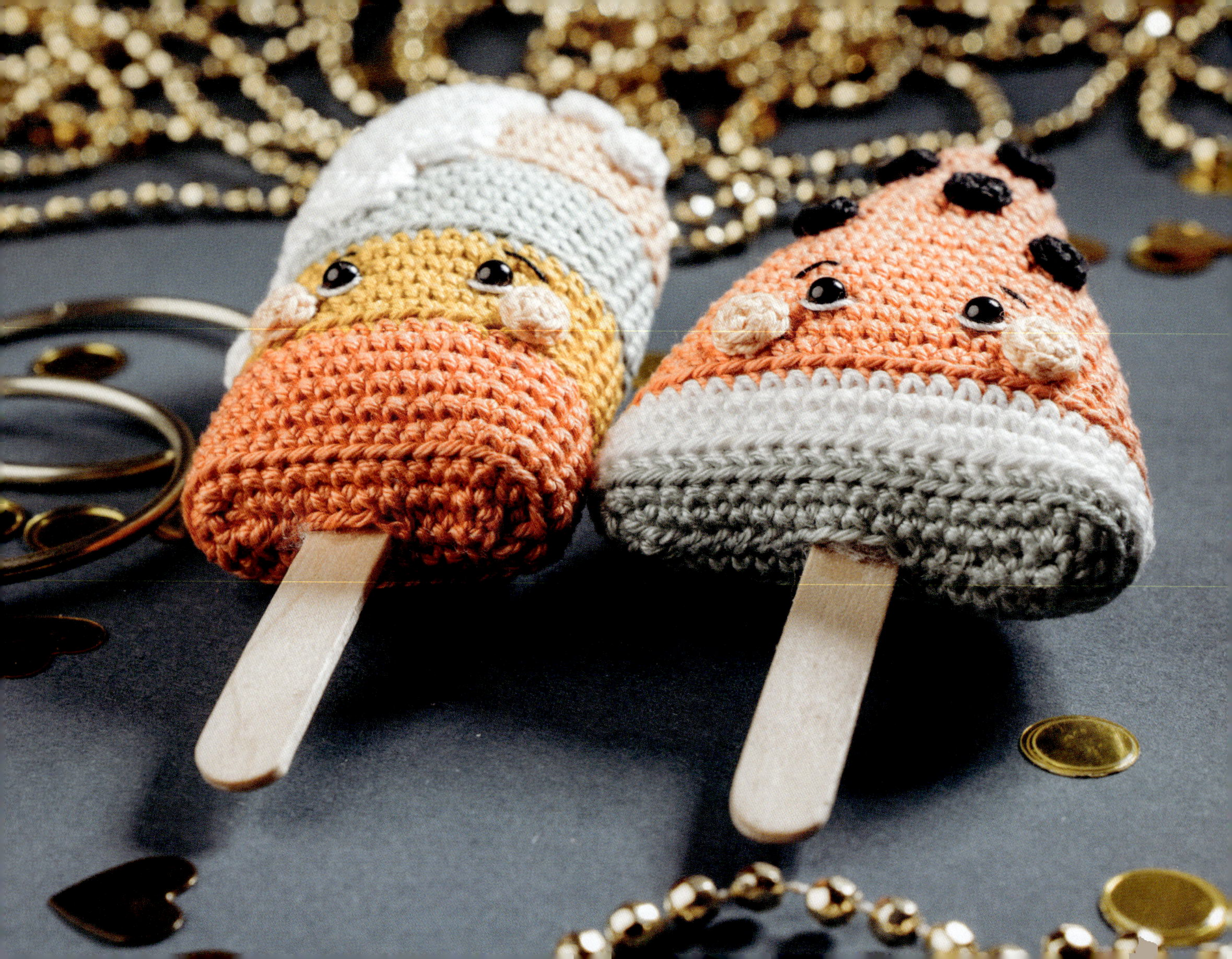

27. Rd: *3 fM, 1 M abn*, von * bis * noch 8x wdh. [36]
28. Rd: *2 fM, 1 M abn*, von * bis * noch 8x wdh. [27]
29. Rd: *1 fM, 1 M zun*, von * bis * noch 12x wdh, 1 fM. [40]
30. Rd: *2 fM, 1 M zun*, von * bis * noch 12x wdh, 1 fM. [53]
31.–32. Rd: 53 fM häkeln.
33. Rd: *2 fM, 1 M abn*, von * bis * noch 12x wdh, 1 fM. [40]
34. Rd: *1 fM, 1 M abn*, von * bis * noch 12x wdh, 1 fM. [27]
35. Rd: 13x 1 M abn, 1 fM. [14]
36. Rd: *1 fM, 1 M zun*, von * bis * noch 6x wdh. [21]
37. Rd: *2 fM, 1 M zun*, von * bis * noch 6x wdh. [28]
38.–39. Rd: 28 fM häkeln.
40. Rd: *2 fM, 1 M abn*, von * bis * noch 6x wdh. [21]
41. Rd: 21 fM häkeln.
42. Rd: *1 fM, 1 M abn*, von * bis * noch 6x wdh. [14]
43. Rd: 7x 1 M abn. [7]

Den Faden lang abschneiden, durch die vorderen M-Glieder der letzten Rd fädeln, festziehen und vernähen. Je einen langen Faden in Weiß um die M der 29. und 36. Rd legen und mit ein paar Stichen fixieren.

STREUSEL (20X IN SCAMPI, KACHELBLAU, APRIKOSE UND GOLD)

Häkle wie die Bäckchen. Faden lang abschneiden und damit die Streusel annähen.

Meloneneis am Stiel

Schwierigkeitsgrad: mittel
Größe: ca. 13 cm

MATERIAL

- Schachenmayr Catania (100 % Baumwolle, LL 125 m/50 g) in:
  - Scampi (Fb 427), 20 g;
  - Reseda (Fb 402), 10 g;
  - Weiß (Fb 106), 10 g;
  - Aprikose (Fb 401), Rest;
  - Schwarz (Fb 110), Rest
- Weißes und schwarzes Filetgarn
- Häkelnadel 2,5 mm
- 2 Sicherheitsaugen Ø 5 mm
- Füllwatte
- Eisstiel aus Holz, ca. 11 cm
- Sticknadel
- Stopfnadel zum Vernähen

SO GEHT'S

BÄCKCHEN (2 X IN APRIKOSE)

Häkle wie beim Eis am Stiel.

MELONENEIS (IN SCAMPI, WEISS UND RESEDA)

Häkle in Spiral-Rd. Beginne mit Scampi.
1. Rd: 6 fM in einen Fadenring häkeln.
2. Rd: *1 fM, 1 M zun*, von * bis * noch 2 x wdh. [9]
3. Rd: *2 fM, 1 M zun*, von * bis * noch 2 x wdh. [12]
4. Rd: *1 M zun, 3 fM, 1 M zun, 1 fM*, von * bis * noch 1 x wdh. [16]
5.–6. Rd: 16 fM häkeln.
7. Rd: *1 M zun, 5 fM, 1 M zun, 1 fM*, von * bis * noch 1 x wdh. [20]
8. Rd: 20 fM häkeln.
9. Rd: *1 M zun, 7 fM, 1 M zun, 1 fM*, von * bis * noch 1 x wdh. [24]
10. Rd: 24 fM häkeln.
11. Rd: *1 M zun, 9 fM, 1 M zun, 1 fM*, von * bis * noch 1 x wdh. [28]
12. Rd: 28 fM häkeln.

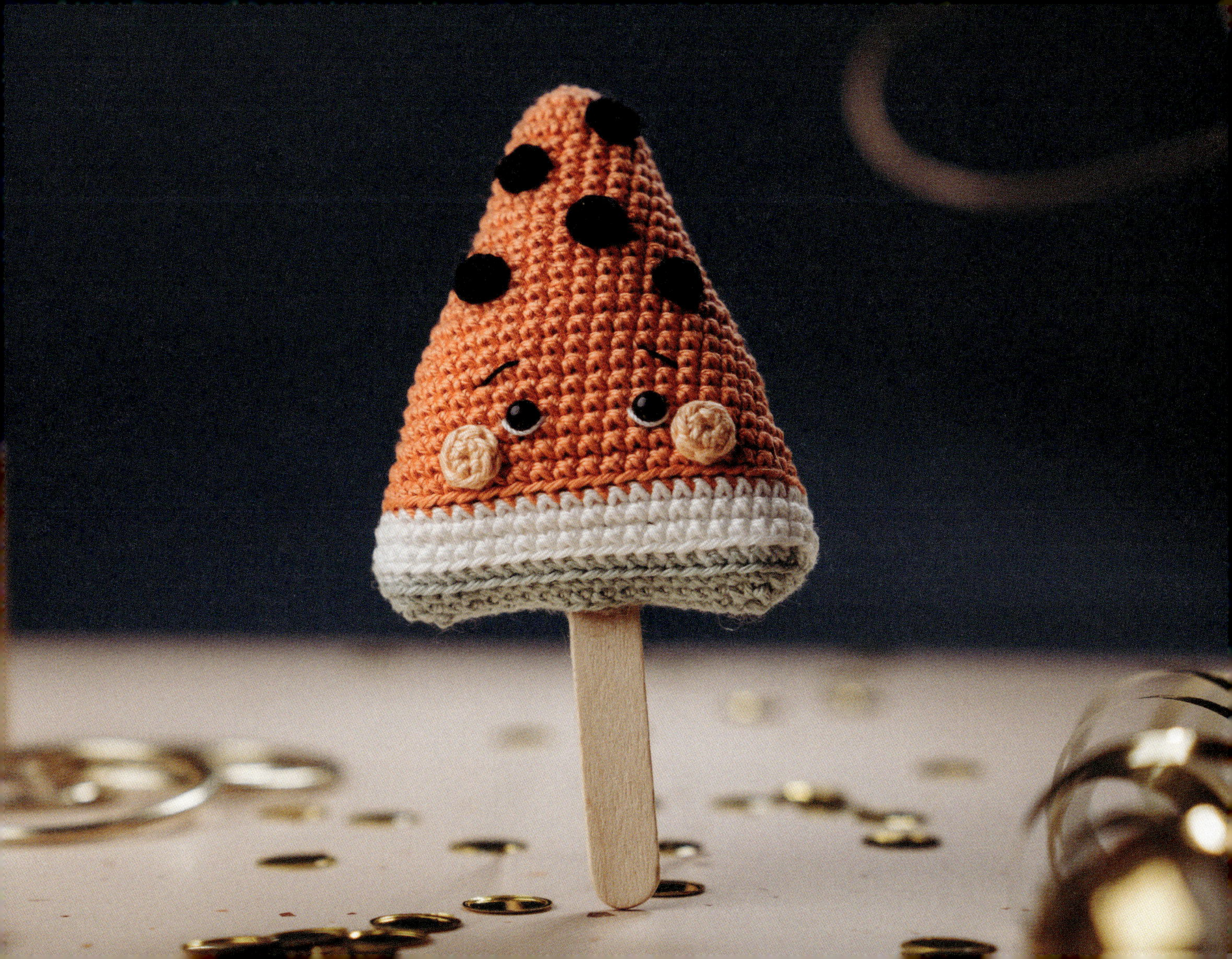

13. Rd: *1 M zun, 11 fM, 1 M zun, 1 fM*, von * bis * noch 1x wdh. [32]
14. Rd: 32 fM häkeln.
15. Rd: *1 M zun, 13 fM, 1 M zun, 1 fM*, von * bis * noch 1x wdh. [36]
16. Rd: 36 fM häkeln.
17. Rd: *1 M zun, 15 fM, 1 M zun, 1 fM*, von * bis * noch 1x wdh. [40]
18.–20. Rd: 40 fM häkeln.
21. Rd: *1 M zun, 17 fM, 1 M zun, 1 fM*, von * bis * noch 1x wdh. [44]
22.–23. Rd: 44 fM häkeln.
Fb-Wechsel zu Weiß.
24. Rd: Alles ihM, *1 M zun, 19 fM, 1 M zun, 1 fM*, von * bis * noch 1x wdh. [48]
25.–26. Rd: 48 fM häkeln.
Die Sicherheitsaugen zwischen der 20. und 21. Rd mit 5 M Abstand befestigen. Mit weißem Filetgarn das Augenweiß direkt unter den Augen aufsticken. Die Augenbrauen mit schwarzem Filetgarn eine Rd über den Augen aufsticken. Jetzt die Bäckchen annähen.

Fb-Wechsel zu Reseda.
27. Rd: 48 fM ihM häkeln.
28. Rd: Alles ihM, 1 M abn, 18 fM, 3x 1 M abn, 18 fM, 2x 1 M abn. [42]
29. Rd: 1 M abn, 15 fM, 3x 1 M abn, 15 fM, 2x 1 M abn. [36]
Faden lang abschneiden. Das Eis ausstopfen und dabei den Eisstiel so einlegen, dass er ca. 5 cm nach unten herausragt. Die M der 28. Rd um den Eisstiel herum zusammennähen.

MELONENKERNE (10 X IN SCHWARZ)

Häkle wie die Bäckchen. Faden lang abschneiden und damit die Melonenkerne vorne und hinten annähen.

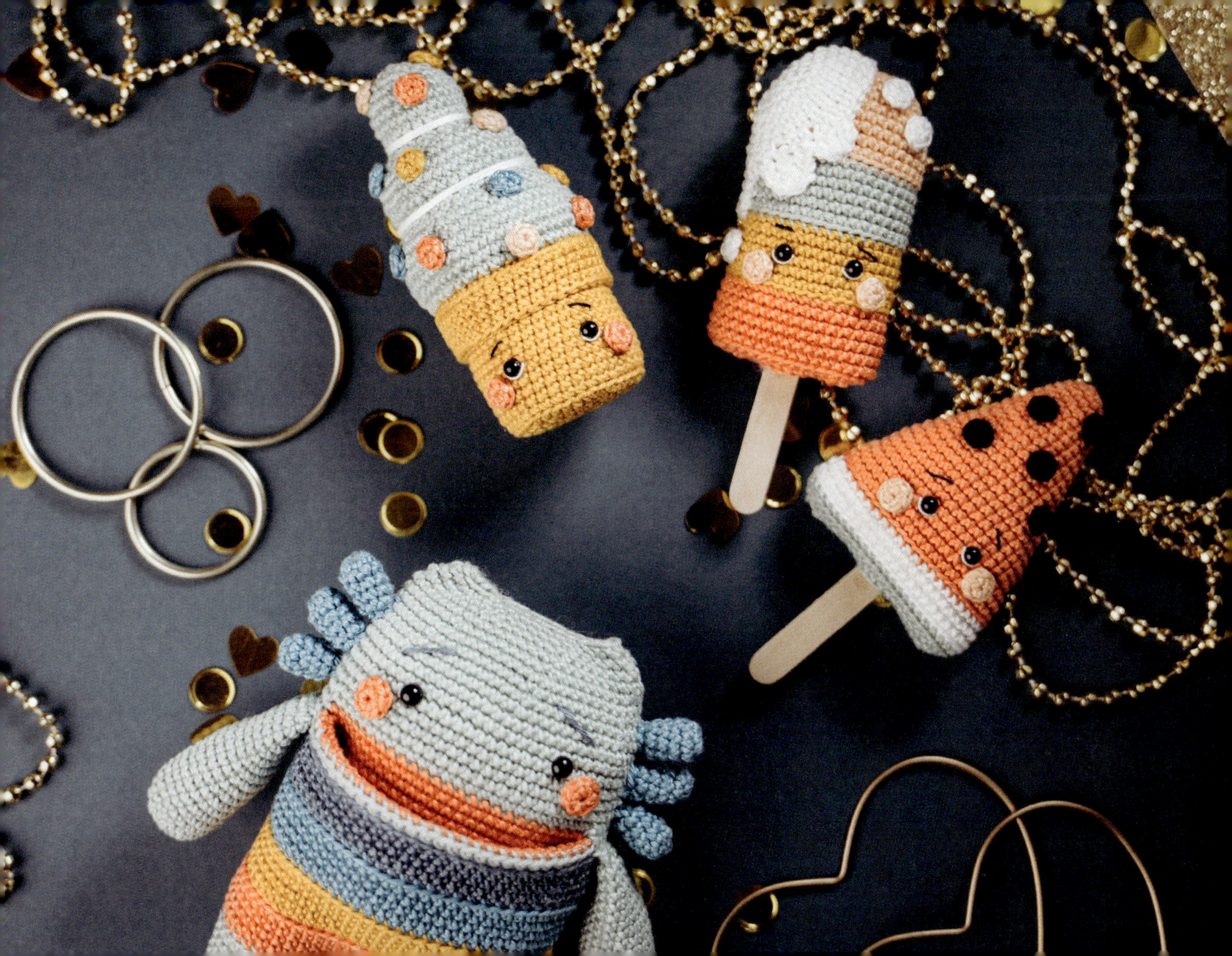

Boxsack mit Boxhandschuhen

Schwierigkeitsgrad: schwer
Größe: Boxsack ca. 5 x 12 cm, Boxhandschuhe ca. 7 cm

Klar, Gewalt ist keine Lösung. Aber niemand kann dir verbieten, mit deinen neuen Fingerboxhandschuhen mal ordentlich den Boxsack zu verdreschen und dabei an diese ganz bestimmte Person zu denken.

MATERIAL

- Schachenmayr Catania (100 % Baumwolle, LL 125 m/50 g) in:
  - Scampi (Fb 427), 20 g;
  - Graublau (Fb 269), 10 g;
  - Weiß (Fb 106), 10 g
- Häkelnadel 2,5 mm
- Füllwatte
- Sticknadel
- Stopfnadel zum Vernähen

SO GEHT`S

BOXHANDSCHUHE (2 X IN SCAMPI)

Häkle in Spiral-Rd. 6 Lm anschl, ab der 2. Lm von der Nd aus wie folgt um die Lm-Kette herumhäkeln:

1. Rd: 4 fM, 3 fM in 1 M, weiter an der Unterseite, 3 fM, 1 M zun. [12]
2. Rd: *1 M zun, 3 fM, 1 M zun, 1 fM*, von * bis * noch 1 x wdh. [16]
3. Rd: *1 M zun, 5 fM, 1 M zun, 1 fM*, von * bis * noch 1 x wdh. [20]
4. Rd: 1 fM, 1 M zun, 5 fM, 1 M zun, 3 fM, 1 M zun, 5 fM, 1 M zun, 2 fM. [24]
5.–16. Rd: 24 fM häkeln.
17. Rd: 5 Lm anschl, 5 M überspringen (= Daumenloch), 19 fM. [24]
18. Rd: 24 fM häkeln.
19. Rd: *6 fM, 1 M abn*‘, von * bis * noch 2 x wdh. [21]
20. Rd: 21 fM häkeln.
21. Rd: *5 fM, 1 M abn*‘, von * bis * noch 2 x wdh. [18]
22. Rd: 18 fM häkeln.

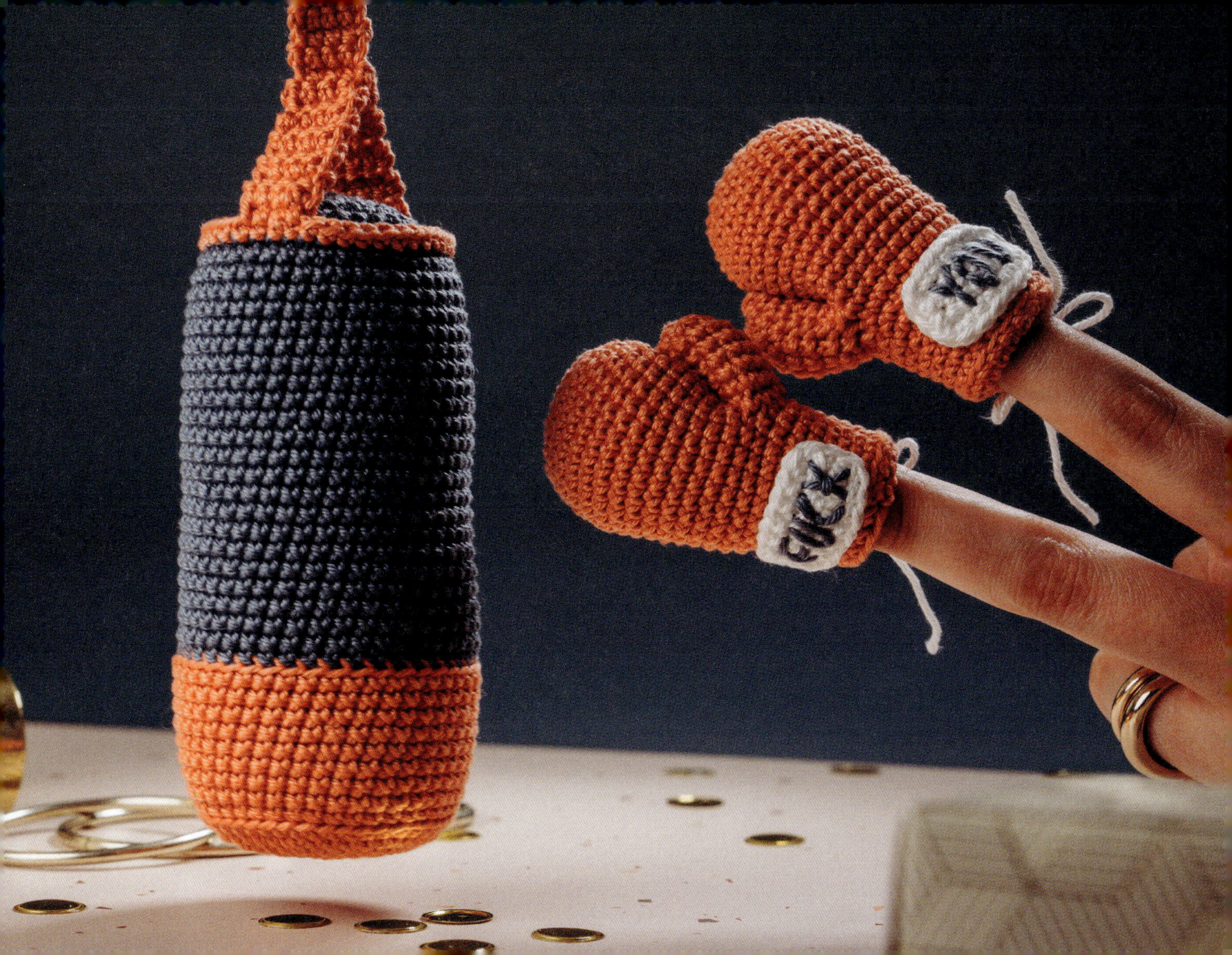

Nicht abketten. Jetzt den Daumen häkeln und dann anschließend den Boxhandschuh an dieser Stelle fortsetzen.

DAUMEN (2X IN SCAMPI)

Schlinge in der 1. M des Daumenlochs mit 1 stehenden fM an und häkle wie folgt:
1. Rd: 10 fM um die Öffnung häkeln.
2.–6. Rd: 10 fM häkeln.
7. Rd: 5x 1 M abn. [5]
Den Faden lang abschneiden, durch die vorderen M-Glieder der letzten Rd fädeln, festziehen und vernähen. Stopfe nun den Daumen und den Rest vom Handschuh bis zur 7. Rd aus. Knicke den Handschuh auf Höhe der 9. Rd ein und fixiere ihn mit ein paar Stichen in dieser Position. Den Daumen oben ebenfalls auf der gleichen Höhe mit ein paar Stichen am Handschuh festnähen. Stopfe den Handschuh weiter bis zur 14. Rd aus, danach wird er nicht weiter gefüllt. Jetzt weiter mit dem Boxhandschuh.

WICHTIG

Beim zweiten Handschuh das Oberteil so knicken, dass der Daumen auf der gegenüberliegenden Seite liegt!

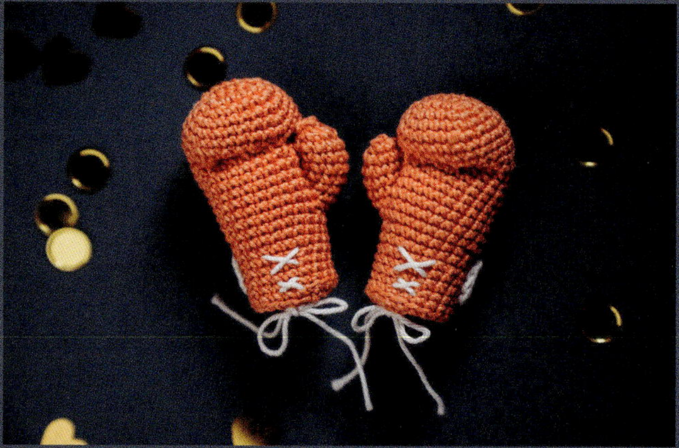

FORTSETZUNG BOXHANDSCHUHE

Häkle in Spiral-Rd. Weiterhin in Scampi.
23.–25. Rd: 18 fM häkeln.
26. Rd: 18 fM ihM häkeln.
27.–34. Rd: 18 fM häkeln.
35. Rd: *4 fM, 1 M abn*, von * bis * noch 2x wdh. [15]
36. Rd: *1 fM, 1 M abn*, von * bis * noch 4x wdh. [10]
Den Faden lang abschneiden, durch die vorderen M-Glieder der letzten Rd fädeln, festziehen und vernähen. Stülpe den Handschuh bis zur 26. Rd nach innen, sodass du ihn auf deinen Finger setzen kannst.

LABEL (2 X IN WEISS)

Häkle in R. 7 Lm anschl, ab der 2. Lm von der Nd aus häkeln. Die Wende-Lm am Ende der R wird nicht mitgezählt.

1.–5. R: 6 fM, 1 Lm, wenden.
6. R: 6 fM häkeln.

Nicht abketten. Das gesamte Label mit einer Rd fM umhäkeln. Dabei je 2 fM in jede Ecke häkeln. Die Rd unsichtbar abschließen. Mit Graublau »FUCK« und »YOU« aus Spannstichen aufsticken.

FERTIGSTELLEN

Die Label über der Fingeröffnung auf den Rücken der Boxhandschuhe nähen. Auf der gegenüberliegenden Seite zwei Kreuze aus Spannstichen aufsticken und an den inneren Rand eine Schleife sticken.

BOXSACK (IN SCAMPI UND GRAUBLAU)

Häkle in Spiral-Rd. Beginne mit Scampi. Den Boxsack fortlaufend mit Füllwatte ausstopfen.

1. Rd: 7 fM in einen Fadenring häkeln.
2. Rd: 7 x 1 M zun. [14]
3. Rd: *1 fM, 1 M zun*, von * bis * noch 6 x wdh. [21]
4. Rd: *2 fM, 1 M zun*, von * bis * noch 6 x wdh. [28]
5. Rd: *3 fM, 1 M zun*, von * bis * noch 6 x wdh. [35]
6. Rd: *4 fM, 1 M zun*, von * bis * noch 6 x wdh. [42]
7. Rd: 42 fM häkeln.
8. Rd: 42 fM ihM häkeln.
9.–16. Rd: 42 fM häkeln.

Fb-Wechsel zu Graublau.

17. Rd: 42 fM ihM häkeln.
18.–39. Rd: 42 fM häkeln.
40. Rd: Alles ihM, *4 fM, 1 M abn*, von * bis * noch 6 x wdh. [35]
41. Rd: *3 fM, 1 M abn*, von * bis * noch 6 x wdh. [28]
42. Rd: 28 fM häkeln.
43. Rd: *2 fM, 1 M abn*, von * bis * noch 6 x wdh. [21]
44. Rd: *1 fM, 1 M abn*, von * bis * noch 6 x wdh. [14]
45. Rd: 7 x 1 M abn. [7]

Den Faden lang abschneiden, durch die vorderen M-Glieder der letzten Rd fädeln, festziehen und vernähen. Mit Scampi in einem vorderen M-Glied der 40. Rd mit einer stehenden fM von unten anschlingen und eine Rd mit 42 fM ivM häkeln. Die Runde unsichtbar abschließen. Faden abschneiden und vernähen. In diese M wird im Folgenden die Aufhängung gehäkelt.

AUFHÄNGUNG (IN SCAMPI)

Häkle in R. Die Wende-Lm am Ende der R wird nicht mitgezählt. Schlinge in einer M der Umhäkelung der 40. Rd mit 1 stehenden fM an (zählt als 1. M der 1. Rd) und häkle wie folgt:

1. R: 4 fM ivM, 1 Lm, wenden.
2.–9. R: 4 fM, 1 Lm, wenden.
10. R: 4 fM häkeln.

Faden abschneiden und vernähen. An der gegenüberliegenden Seite alle Schritte wdh. Nicht abketten, 1 Lm anschl. Beide Seiten der Aufhängung an der oberen Kante zusammenlegen und die M der 10. R mit 4 fM zusammenhäkeln (= 1. R). Nicht abketten. 1 Lm, wenden und wie folgt weiter in R häkeln. Die Wende-Lm am Ende der R wird nicht mitgezählt.

2.–4. R: 4 fM, 1 Lm, wenden.

5. R: 10 Lm anschl, 3 M überspringen, 1 fM in die letzten M der R, sodass eine Schlaufe entsteht.

Faden abschneiden und vernähen.

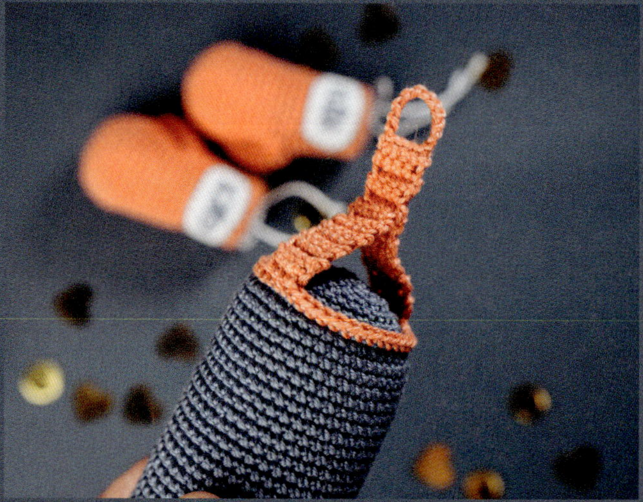

Testerinnen

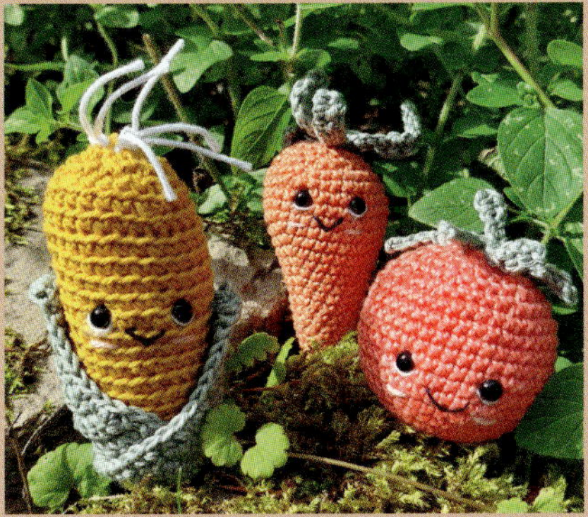

Christina Hänel @tetjes_bunte_welt

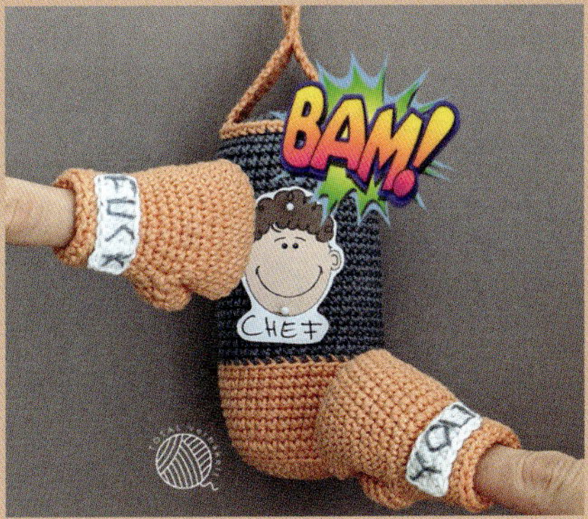

Silke Guhlmann @total_verhaekelt

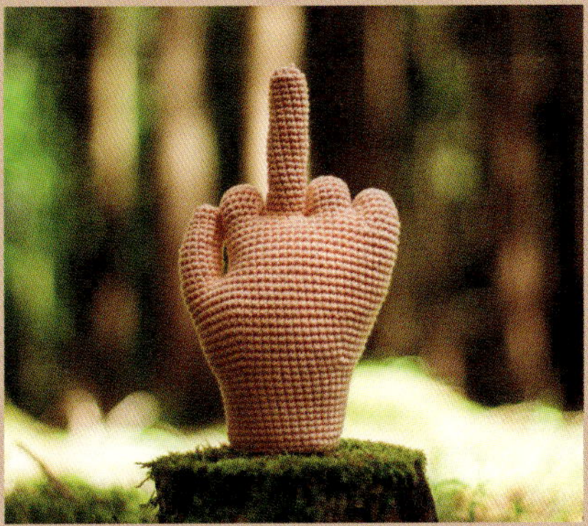

Alexandra Heym @miss.wollwunder

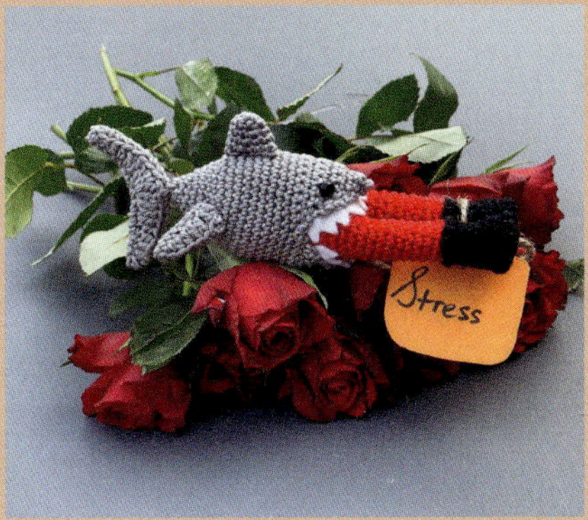

Dorota Federer @meinwundervollesleben

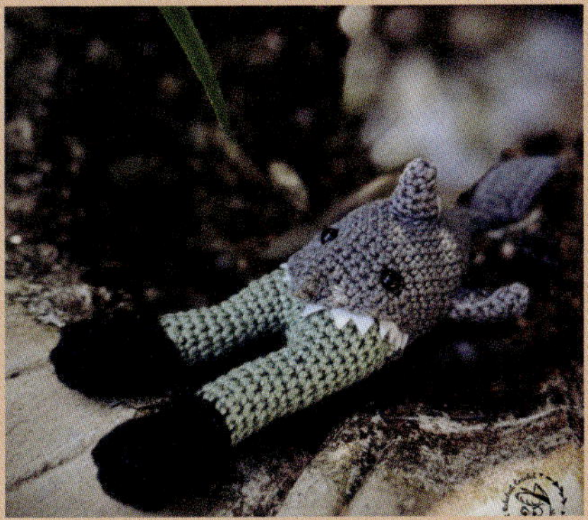

Julia Pleß @rebelcat.crochet

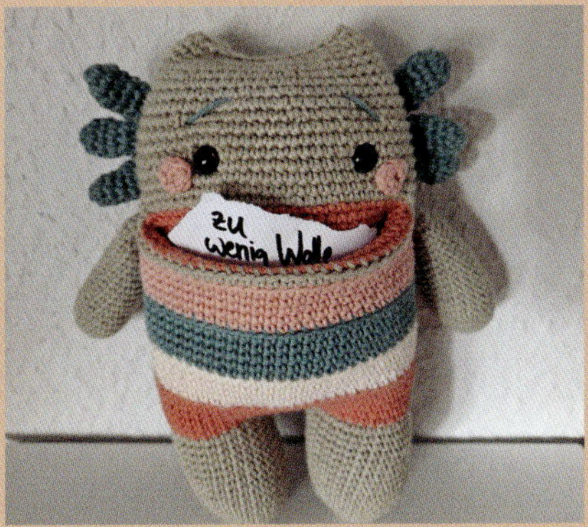

Stephanie Pump-Rehmann @steffispinkeglitzerwelt

Danksagung

Dafür, dass dieses Buchprojekt so stressfrei aus meinem Kopf nun in deine Hände gelangt ist, danke ich vor allem meinem Mann Benni, der mich während der ganzen Zeit mit festen Umarmungen, leckerem Essen und ganz viel Motivation versorgt hat.

Ein großer Dank geht außerdem an meine Lektorin Isabella für (bis jetzt!) vier tolle Jahre und einen noch tolleren Stapel gemeinsamer Bücher. An meine Kolleginnen Linda Urbannek und Natalie Nar sende ich ebenfalls ein großes Dankeschön! Ohne unseren Austausch wäre mir schon ein paar Mal der Himmel auf den Kopf gefallen. Das allergrößte Dankeschön geht an meine Testerinnen, ohne deren smarten Blick und flinke Hände dieses Buch nicht das wäre, was es ist.

Auch danke ich aus vollem Herzen dem Kreativ-Haus e.V. in Münster, die mir mal wieder den schönsten Raum als Shooting-Location zur Verfügung gestellt haben.

Zum Schluss ein ganz herzliches Dankeschön an meinen Sponsor Schachenmayr für das tolle Material und die konstante Unterstützung.

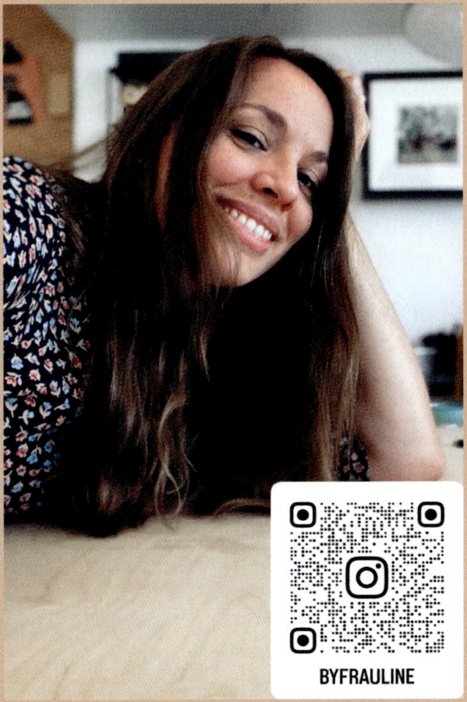

Über die Autorin

Inga Borges ist Designerin und Gründerin des Labels »Frau Line«. Das Häkeln hat sie gelernt, bevor sie in die Schule kam, und hat seitdem die Nadel nicht mehr losgelassen. Sie bloggt auf frau-line.de regelmäßig über Häkeln, Handarbeit und Nachhaltigkeit und arbeitet als Autorin für Häkelbücher, unter anderem für die erfolgreiche Reihe »Helden der Kindheit« und das erste Grundlagenwerk zum Amigurumihäkeln. Sie lebt mit ihrem Mann und dem kleinen Kater Moe in Münster. Noch mehr von Inga und ihren Designs gibt es bei @byfrauline bei Instagram.

Bibliografische Information der Deutschen Nationalbibliothek
Die Deutsche Nationalbibliothek verzeichnet diese Publikation in der Deutschen Nationalbibliografie. Detaillierte bibliografische Daten sind im Internet über https://dnb.de abrufbar.

Für Fragen und Anregungen
info@m-vg.de

Originalausgabe
1. Auflage 2024

Türkenstraße 89
80799 München
Tel.: 089 651285-0

Redaktion: Annerose Sieck, Neumünster
Umschlagsgestaltung und Layout: Pamela Machleidt
Umschlagabbildung: Philip Berstermann Fotografie, Münster
Satz: Bernadett Linseisen (schere.style.papier), München
Druck: Livonia Print, Riga
Printed in Latvia

ISBN Print 978-3-7474-0324-2
ISBN E-Book (PDF) 978-3-96121-229-3
ISBN E-Book (EPUB, Mobi) 978-3-96121-228-6